VIDA,
minha vida

VIDA,
minha vida

Psicografia de
Vanir Mattos Torres

Pelo espírito
Daniel

LÚMEN
EDITORIAL

Vida, minha vida
pelo espírito Daniel
psicografia de Vanir Mattos Torres
Copyright @ 2010-2023 by
Lúmen Editorial Ltda.

2ª edição - Agosto de 2023

Direção editorial: Ronaldo A. Sperdutti
Preparação de originais: Cristina Lourenço
Revisão: Mary Ferrarini
Capa e projeto gráfico: Daniel Rampazzo / Casa de Ideias
Impressão e acabamento: Renovagraf

Dados Internacionais de Catalogação na Publicação (CIP)
(Câmara Brasileira do Livro, SP, Brasil)

Daniel (Espírito).
    Vida, minha vida / pelo espírito Daniel;
psicografia de Vanir Mattos Torres. — São Paulo : Lúmen, 2010.

    ISBN 978-85-7813-031-2

    1. Espiritismo 2. Psicografia 3. Romance espírita
I. Torres, Vanir Mattos. II. Título.

10-05607   CDD-133.9

Índice para catálogo sistemático:
1. Romance espírita psicografado: Espiritismo   133.9

LÚMEN
EDITORIAL

Av. Porto Ferreira, 1031 - Parque Iracema
15809-020 - Catanduva-SP
17 3531.4444

www.lumeneditorial.com.br
atendimento@lumeneditorial.com.br
www.boanova.net
boanova@boanova.net

Proibida a reprodução total ou parcial desta
obra sem prévia autorização da editora

Impresso no Brasil – *Printed in Brazil*
02-08-23-100-3.100

SUMÁRIO

CAPÍTULO **1**
A dor de meu destino, 7

CAPÍTULO **2**
Assim o tempo foi passando..., 53

CAPÍTULO **3**
O tempo passa rápido!, 147

CAPÍTULO **4**
O tempo passa depressa, 203

CAPÍTULO 1

A dor de meu destino

Estava a passear pelo campo quando escutei um cavalgar que vinha em minha direção. Para meu espanto, só tive tempo de me agarrar aos arreios, e me vi sendo arrastado junto com o animal pela relva. Quem galopava perdera o domínio e o cavalo corria em disparada. Eu, que era musculoso, consegui com força me equilibrar. Segurei o cavalo, mas não consegui fazê-lo parar de empinar. Foi aí que me dei conta de quem o animal conduzia: era uma bela amazona que, com seus olhos azuis, sorria para mim. Fiquei impressionado. Era para ver em seus olhos o terror do momento, mas ela sorria, e se desfez em agradecimentos, dizendo ser culpa sua o cavalo ter disparado em desabalada carreira. Fiquei a bater nas calças me limpando. Ela ria, como se tudo fosse uma brincadeira. Dei-lhe a mão para que descesse do cavalo, mas ela recusou. Disse estar com pressa, cansada, e, assim como apareceu, se foi sem ao menos dizer seu nome. Sentei-me na relva e fiquei a pensar: "Como fora tudo rápido! Acabou como num passe de mágica". Depois disso...

Uma semana se passou. Estava eu no mesmo lugar quando o som do galopar soou nos meus ouvidos. Veio em minha direção sem parar, desviei-me e tentei segurar os arreios, mas dessa vez me escapou. Foi ela num galopar rápido, cabelo esvoaçando ao vento. Logo desapareceu. Fiquei assustado, pensando em como a situação se deu igualzinha à outra. Esperei mais um tempo e fui embora meio macambúzio com tudo aquilo. Marquei o dia: dali a uma semana, ali estaria de novo, e foi o que aconteceu. Dessa vez fiquei esperto, tentando ouvir alguma coisa que pudesse ser a bela amazona. Um tempo se passou e nada aconteceu. Eu, como estava cansado, deitei sobre a relva e dormi. De repente, só senti saltar sobre mim uma enorme figura. Depois do susto, logo levantei. Ela já se ia em disparada, rindo e me acenando com um lenço branco. Já estava ficando preocupado com aquela situação. Um erro de cálculo e estaria eu esmagado no chão. Fui embora pensando se voltaria, mas a curiosidade me levou de volta. Uma semana se passara e estava eu ali de novo, como se esperasse um encontro. Perto de onde sempre ficava havia uma frondosa árvore com tronco muito grosso; seria meu esconderijo. E ali fiquei um tempo até ver chegar a figura. Era uma linda miragem, e percebi que o trajeto que fazia era sempre o mesmo e, por coincidência, igual ao meu. Passou ela em disparada, vestida exatamente como da vez anterior. Não perdia no galopar seu chapéu e seus cabelos esvoaçando... lindos como sempre. Eu era novo naquela cidadezinha, por isso não sabia de quem se tratava. Mas perguntaria aos habitantes, com certeza me dariam informações.

Fui para aquela cidade em busca de trabalho. Havia chegado no primeiro dia daquele acontecimento e nada tinha arranjado. Saí dali e dirigi-me até a igrejinha, o pároco certamente me indicaria alguma coisa. Todos os habitantes deveriam conhecê-la, e assim o fiz. Era uma igreja pequena, mas acolhedora como todas o são. Entrei, rezei um pouco e fui falar com o sacristão. Ele me disse que o padre não se encontrava, tinha ido dar uma extrema-unção, mas logo estaria de volta. Se eu quisesse, poderia esperá-lo na sacristia. Eu perguntei ao rapazola se não conhecia a moça, e dei a descrição. Ele disse que eu não tinha observado direito: "Essa, eu não tinha visto, não!" Como pôde ele afirmar que eu não tinha visto o que vi? E talvez fosse um pobre coitado que estivesse ali para ser ajudado e servir ao padre. Não quis esperar, achei melhor andar e ver se conseguia alguma coisa. Minhas economias estavam acabando, e eu tinha que as repor antes que as esgotasse. E a hospedaria tinha de pagar em dia, senão seria despejado sem minha bagagem.

Fui ao ferreiro perguntar se não queria um ajudante. Eu entendia de ferrar os cavalos, ainda conhecia as doenças e sabia administrar alguns remédios. Fui falar com ele. Era um homem enorme e gentil. Disse que talvez precisasse de ajuda, mas só dali a alguns dias. Fiquei de voltar na semana seguinte, e aproveitei para perguntar sobre o que me afligia. Quem era aquela moça que não se desvia por nada de seu caminho. Ele me olhou espantado, como se tivesse perguntado alguma besteira. Disse ele que não sabia de nada e nada poderia me informar com certeza. Fiquei mais curioso, quem seria aquela figura? Se a conheciam, não queriam falar. Se não a conheciam, por que, então, eles ficavam impressionados quando eu falava sobre ela? Quando cheguei à hospedaria, em vez de ir para o meu quarto, fiquei por ali perambulando. Fui puxando conversa e formulando a minha pergunta. A resposta era a mesma, diziam que não poderiam me dar informação certa, porque a descrição por mim dada era completamente errada. Eu comecei a rir. Estavam todos confusos, ou eu, com aquela visão tão bonita, tinha errado nos traços que descrevia.

No dia seguinte, fui ao mesmo lugar e, dessa vez, não me escondi. Fiquei em pé onde ela teria de passar. Aí, ouvi o galope. Ela se aproximava e, para minha falta de sorte, vinha em desabalada carreira. A princípio pensei em correr, mas depois pensei: "Como das outras vezes não me machuquei, correrei o risco". Quando o cavalo chegou perto, saltei e peguei as rédeas. Dessa vez consegui pará-lo. A bela moça ria, como se fosse alguma coisa engraçada. Não soltei as rédeas, fiquei segurando o cavalo. Pedi que dissesse seu nome e onde morava.

— Moro pelos campos, vivo ao sabor do vento — respondeu-me.

Voltei a perguntar:

— Qual é seu nome?

— Meu nome é Vida, é o oposto da situação — disse-me ela. E, dando um puxão, soltou-se e foi embora a galopar. Fiquei sem entender nada, só seu nome ficara certo na minha mente. Voltei à hospedaria. Fui logo falar com o dono do estabelecimento onde poderia encontrar uma moça que se chamava Vida. Ele ficou pálido, e me disse mansamente:

— Deixe essa moça em paz, Vida não mais nos pertence. E, antes que eu perguntasse mais alguma coisa, foi se afastando em resmungos. Se não queria me falar dela, teria de perguntar a outra pessoa. Na hospedagem, havia um rapaz franzino que nos servia a comida, gostava de puxar uma conversa, e eu dele sempre me esquivava, mas dessa vez era diferente. Eu queria saber muitas coisas. Onde Vida morava? Tinha família formada? Ou era uma moça feliz, sem compromisso com nada, por isso andava em galopes desabalados? E assim me cheguei a ele. Fui logo perguntando:

— Sabes onde posso encontrar Vida? — Ele desatou a rir. Disse que a dele ele não dava, mas que eu ficasse na calçada perguntando a quem passasse, que talvez alguém de alguma dispusesse. Eu era calmo, mas fiquei irritado. Disse que não tinha gostado da brincadeira. Se ele não sabia que Vida era o nome de uma bela moça que vivia a galopar pelos campos. Ele disse que eu estava variando, devia ter pego muito sol na cabeça. Disse que eu fosse para o quarto, que mandaria a arrumadeira me levar um remédio.

— Eu não tenho nada! — respondi. — Eu há pouco cheguei. Já vi a moça diversas vezes. E vocês dizem que não a conhecem! Ele foi embora, me deixou falando sozinho. Fiquei pensando que fora uma má ideia ter ido morar naquela cidadezinha. Fui para o meu quarto e, assim, recolhido, fiquei a pensar em Vida. Como podem dizer que não a conhecem? Que mistério existe? Será que o que eu vejo é miragem? Acabei dormindo. Estava muito cansado, mas tinha o firme propósito de, no dia seguinte, o mistério desvendar.

Acordei cedo. Fui direto à igreja, esperei o padre acabar de rezar a missa para falar com ele. Fiquei olhando aquelas pessoas que me cumprimentavam como se já me conhecessem, mas, quando ia lhes perguntar de alguém que era habitante do lugar, diziam que para eles não existia ou era imaginação minha. Apresentei-me ao pároco contando minha aventura. Ele me olhou, coçou a cabeça e disse que iria me contar uma história, mas teria de ser outro dia. Agora teria de dar uma extrema-unção. Retruquei:

— Como pode, numa cidade tão pequena, morrer tanta gente em tão pouco tempo! Sempre que o procuro, o senhor foi abençoar alguém que está partindo.

Ele foi andando e acenando a mão como se dissesse: "Até logo, ou esqueça tudo isso". Fiquei ali sentado. Quanta coisa estava acontecendo... Quando fui para aquela cidade, não sabia que encontraria tantas surpresas. Rezei e, quando já ia me levantar, tive de dar passagem a uma senhora. Não entendi por que ela resolveu se sentar ao meu lado, a igreja estava praticamente vazia. Ela disse:

— Não se vá! Fique um pouco e vamos conversar.

Olhei para ela espantado. Não a conhecia e acho que nem ela a mim, mas sentei-me de novo ao seu lado esperando o que teria para me dizer. Ela rezou... rezou... Não parava mais. Rodava o terço para todo lado. Eu estava ficando cansado. Cutuquei-lhe o braço e disse que ia embora. Ela, levando o dedo aos lábios, pediu silêncio e tocou no meu ombro, impedindo que eu me levantasse. O silêncio da igreja... Toda aquela confusão... Era tão simples me dizerem quem era a moça da montaria e faziam tanto mistério. Fiquei esperando, esperando, até que perdi a paciência. Fiz o sinal da cruz e me levantei, apressado, não lhe dando tempo de me impedir. Quando cheguei lá fora, respirei fundo. Engraçado, parecia que ia sufocar se de lá não me retirasse. Fui andando devagar pelas ruas, uma brisa leve enxugava meu rosto, pois, quando saí da igreja, estava molhado de suor.

Fui até o ferreiro. Logo que o encontrei, foi me falando que ainda não tinha o serviço, mas disse a ele que eu queria mesmo é que me alugasse um de seus animais. Ele respondeu que não alugava montarias, mas tinha o seu cavalo e o emprestaria a mim. Agradeci a confiança. Disse que queria galopar para conhecer a redondeza. Logo à tarde voltaria. Estendi a ele um dinheiro que recusou, dizendo que eu trabalharia para ele e, então, acertaríamos nossa conta. Selei o cavalo e fui embora. Já tinha eu destino certo, dessa vez eu a seguiria. Desvendaria todo aquele mistério. E assim o fiz. Fiquei horas esperando. Já estava com fome, meu estômago doía. Estava sentado na relva, e o cavalo amarrado no tronco da árvore que da outra vez me escondera. Escutei o galopar. Desamarrei o cavalo e saltei rápido na sela. Quando ela passou, fui eu a acompanhar. Ela galopava rápido como o vento. Olhou para mim e sorriu, mas não diminuía a marcha. Eu era um bom cavaleiro, mas ela era rápida demais! Consegui acompanhá-la até certo trajeto, mas ela foi se distanciando. Acenou com o lenço branco e eu vi que era inútil a seguir galopando. Dei meia-volta e voltei para a cidade. O ferreiro já me esperava na porta do estabelecimento. A montaria estava toda suada. Desmontei e disse que lhe daria tratamento. Ele foi atrás de mim. Disse que eu parecia cansado. Perguntou o que tinha acontecido e por onde eu tinha andado. Respondi que, se contasse, não me acreditaria, porque fui deixado para trás em galope por uma amazona de olhos azuis alucinantes. Ele me olhou espantado. E disse:

— Acho que você viu um fantasma!

Disse-lhe que não estava para brincadeiras, estava cansado, com fome e sem resolver um mistério. Dirigi-me para a hospedaria. Comi um pouco e fui para o meu quarto descansar. Já estava quase pegando no sono quando ouvi batidas leves na porta. Sentei na cama, procurando ouvir se era realmente na minha porta que batiam. A confirmação veio de mansinho. A batida era tão leve, mal dava para escutar. Levantei-me e fui abrir a porta. Espantei-me com quem estava ali. Era aquela senhora da igreja, em pé na minha frente. Perguntei o que queria. Ela disse:

— Vim conversar com você.

E, dizendo, isso foi entrando sem mesmo pedir licença. Sentou-se à beira da cama e pediu que eu fizesse o mesmo. Contaria-me uma história e desvendaria um mistério. Quando ia começar a falar, entrou em meu quarto, falando alto, o magrela que servia a comida. Eu tinha deixado a porta entreaberta, pois tinha uma senhora no quarto comigo. Ele foi dizendo:

— Estão todos a procurando, mas sabia que a encontraria aqui!

Foi pegando a senhora pelo braço e a conduzindo para a porta. E eu disse:

— Espere um pouco! Esta senhora veio conversar comigo! Não tens o direito de invadir o quarto e levar minha visita consigo.

Ele nem me deu atenção, saiu do quarto batendo a porta e levando a senhora pelo braço. Fiquei a pensar no acontecido. E o que ela tinha de importante e não pôde falar comigo? Só podia ser sobre Vida, mas isso não ficaria assim. Nem perguntei o seu nome e onde era sua moradia. Assim, com a boa vontade que eles tinham em dar informações, achá-la talvez fosse difícil. Não pensei mais no caso e fui deitar, porque estava extenuado. Os últimos acontecimentos tinham mexido demais com minha mente.

Acordei bem cedo. Arrumei-me e desci para tomar o desjejum. Estava achando que seria outro dia difícil, seria melhor estar preparado. Dessa vez não perguntei nada a ninguém, tomei meu café em silêncio. O rapaz me serviu e nem me olhava, acho que estava com medo que de novo o interrogasse. Saí dali e fui ao ferreiro. Perguntei onde poderia comprar um bom cavalo, mas que não me custasse muito caro. Minhas economias estavam chegando ao fim. Juntei-as durante um bom tempo fazendo serviços diversos. De tudo eu sabia um pouco. Trabalho pesado não me metia medo. Ele me mostrou um baio que colocaram em sua mão para vender, poderia dar a metade, o resto descontaria quando começasse no emprego. Era um animal forte, estava dentro de minhas posses, e com a oferta de que ali poderia deixá-lo. Foi um verdadeiro achado ter conhecido o ferreiro. Tive de comprar a sela e o restante, mas era um investimento. Não poderia me locomover sem ter minha própria montaria. Fui a galope encontrar Vida. Parecia que ela já fazia parte de minha vida. Ficava ansioso para vê-la, nem que fosse só por um aceno e um sorriso. Enquanto esperava, deu tempo para pensar em minha vida. Eu estava obcecado com essa história, acho que estava até pensando em como seria se ela não aparecesse. Meu coração deu uma disparada só por eu estar pensando assim. No meu devaneio, nem a ouvi chegar, escutei uma gargalhada e, quando me virei para ela, com um sorriso, ela disse:

— Hoje não quer me pegar?

Assim dizendo, partiu em galope. Montei rápido e fui atrás dela. Ela voava em disparada e eu no encalço dela. Até que meu cavalo empinou e fui jogado para fora da sela. Senti que caía no chão e batia a cabeça numa pedra. Não sei quanto tempo fiquei desacordado, mas, quando abri os olhos, ela molhava minha testa com seu lenço. E disse:

— Que bom que acordou, eu já estava ficando triste.

Sentei-me na relva, era onde estava deitado e ela sentada ao meu lado.

— Você é ótima amazona! — disse a ela. — É difícil acompanhar seu galopar.

Ela levantou-se, perguntou meu nome e disse estar atrasada, tinha de ir embora. Seu cavalo e o meu pastavam juntinhos, nem parecia que o meu tinha me derrubado no chão. Mas foi a melhor coisa que já me acontecera, nem liguei se algum mal tinha feito em minha cabeça.

— Daniel — disse — é o meu nome. Nome que foi dado ao meu pai e ao meu avô. E quando tiver a graça de ter um filho, é assim que o chamarei.

Ela começou a rir. Disse que eu era engraçado, pegou seu lenço e foi embora, com aqueles cabelos esvoaçando ao vento. Fiquei ali sentado, parecia um bobo da corte. Acho que estava ficando apaixonado. Deitei-me na relva e, assim, permaneci sonhando. Não me importava mais se não queriam me falar sobre ela. Já sabia o seu nome, não me importava sua vida e quem lhe fosse conhecido. Tinha falado com ela, e isso era maravilhoso para mim. Ainda sentia seu toque em minha testa, era maravilhosa a sensação que sentia. Fiquei ali um longo tempo. Já estava entardecendo quando dali parti. Queria ficar mais tempo, mas logo a escuridão tomaria conta e, para seguir até a cidade, só teria a claridade da Lua. Como muitos caminhos ainda eram desconhecidos para mim, era melhor eu já ir partindo. Fui num trotar lento. Não tinha pressa de chegar a lugar nenhum, a noite era uma criança e eu, um sonhador com esperança. Fiquei perambulando pela cidade depois de ter guardado e limpado minha montaria. Ele era cúmplice de minha aventura, teria de cuidar bem dele. Dele muito precisaria.

Foi uma longa noite, não conseguia pegar no sono. Não conseguia deixar de pensar naquela sensação de conforto em minha testa. Levei muito tempo para dormir. Acordei com o Sol em minha cama, era como se viesse me acordar dizendo que eu estava perdendo muito tempo. Levantei rápido, me arrumei e desci. Sentia que me olhavam estranhamente, mas fingi não perceber. Tomei rápido meu café e fui até o ferreiro. Era o dia que dissera que me empregaria, e eu tinha de estar lá bem cedo. Lá chegando, já o encontrei trabalhando. Foi dizendo:

— Pensei que tivesse esquecido nosso acerto.

Disse que precisava trabalhar e ali eu me sentiria satisfeito, pois era a profissão que gostava. Meu pai também fora ferreiro. E, assim, entabulamos conversa enquanto fazíamos o serviço. Mais tarde, quando perguntou se não iria almoçar, respondi:

— Se possível, gostaria de trocar a hora do almoço por algumas horas à tarde.

Ele disse que tanto fazia, daria no mesmo. De toda maneira, faria o meu serviço. Fiquei feliz como as coisas estavam ocorrendo. Já estava trabalhando. Tinha minha montaria. E uma bela moça em meus sonhos. À tarde, fui galopar no local de encontro. Fiquei a esperar, mas ela não apareceu. Fiquei triste, acabrunhado, com medo de não vê-la de novo e de que tudo não passasse de uma miragem. Fui embora de volta ao trabalho. Dessa vez, não quis entabular conversa, fiz meu serviço amuado. O ferreiro me olhava, mas nada perguntava. Uma semana se passou. Eu ia todos os dias ao mesmo lugar e nunca mais perguntei nada a ninguém. Talvez ela tivesse compromisso e eu não iria querer saber disso. E assim vivendo, voltado para o trabalho, o tempo passava mais rápido. Vivia na certeza de que a veria de novo, e isso me dava alento. Comprei uns livros, assim, enquanto a esperava, o tempo passava mais rápido. Na leitura eu me distraía, até que um dia, assim distraído, alguém pousou as duas mãos em meus olhos. Era um toque suave que eu já conhecia.

— Vida — disse.

E ela, rindo, disse que eu era esperto, era um adivinho! Sentou-se comigo na relva perguntando o que eu estava a ler. Mostrei-lhe o livro, disse que era um passatempo enquanto ela não aparecia ali. Ela sorriu e me perguntou:

— Estavas a me esperar? E se eu não viesse? Ficaria aí o tempo todo, sem certeza de que eu iria chegar?

— Te esperaria toda a vida — respondi.

Ela riu e disse:

— Está de acordo com meu nome, mas toda a vida é muito tempo, não acho que valha a pena. Você falou em um filho. Tens uma mulher, com certeza. Deve agora estar te esperando com o almoço fumegando sobre a mesa.

Agora foi minha vez de rir.

— Disso tudo que você falou, só queria esse prato fumegante, o resto não existe em minha vida. Eu agora vivo te esperando a cada instante.

Ela passou a mão pelo meu rosto, disse para eu seguir o meu caminho. Seu caminho agora era outro, não podia alimentar minha ilusão de que ficaríamos juntos para sempre. Foi a primeira vez que a vi triste. Dei-lhe um sorriso e disse:

— Não pensemos no amanhã, o importante é este momento. E ninguém poderá tirá-lo de nós.

Ela se levantou e saiu correndo, gritava que a fosse pegar mesmo sem sua montaria, duvidava que eu fosse alcançá-la. Corri atrás dela como louco. Teria de alcançá-la ou ela fugiria de mim. Ela parecia uma gazela. Não consegui alcançá-la em tempo, caí no chão extenuado, quando vi que ela voltava correndo. Chegou, jogou-se ao meu lado, suas risadas eram como música ao vento. Fiquei olhando para ela fascinado. Por perto havia muitas flores, fui catando uma a uma e colocando em seus cabelos. Parecia uma princesa saída de um conto de fadas e estava ali comigo. Eu estava maravilhado! De repente, ela se levantou e disse que ia embora.

— O dia já se faz tarde. Não posso mais ficar nem um momento, mas prometo que vou voltar.

— Onde você mora? — perguntei.

Ela me entregou seu lenço e disse:

— Guarde como lembrança.

E assim dizendo foi-se a correr, voava como se estivesse a galope. Fiquei ali parado. Estava apaixonado por ela. Não sei aonde aquela relação nos levaria, mas não queria pensar. Amanhã seria outro dia. Voltei ao trabalho atrasado, mas o ferreiro nem me questionou. Teria de trabalhar até mais tarde para compensar as horas que passaram. Trabalhei tanto que, quando saí, as ruas estavam desertas. Cheguei à hospedaria e nada consegui para comer, já se fazia tarde e quase todos já tinham se recolhido. Eles sempre deixavam na mesa principal um cesto com frutas. Apanhei uma maçã e foi meu alimento do dia. Joguei-me na cama cansado, nem de roupa troquei. O cansaço era maior que o cheiro que meu trabalho deixava e pelas minhas narinas entrava, mas não me importei. O que importava é que eu estava feliz, fora o melhor dia de minha vida. Vida... essa palavra se tornou mais que uma palavra, tornou-se o nome mais importante de minha vida. Acabei dormindo em sonhos. Estava ansioso pelo próximo dia. Acordei cedo, peguei logo no trabalho, não queria atrasar o serviço por causa das tardes em que chegaria atrasado. À tarde, voltei ao lugar de sempre. Fiquei horas a esperar, e foi com tristeza que tive de voltar ao trabalho sem encontrar Vida. Trazia o lenço guardado junto ao peito. O perfume de flores me dava a certeza de que de novo a encontraria. Os dias se passaram e eu, como sempre, a esperava e ela não aparecia, mas o lenço e seu cheiro me confortavam na certeza de que o dia seguinte seria um novo dia. Assim se passaram meses. Assim se passou um ano. Eu vivia com a certeza de que tudo não fora um sonho. Tinha seu lenço como prova, e isso dava alento à minha alma. Até que um dia...

Era um domingo. Todos tinham atendido ao repicar dos sinos, anunciando a chegada a hora da missa, mas eu, ao contrário de todos, me dirigi ao meu recanto, onde tinha minhas horas de sonho. Fiquei sentado distraído, olhando meu cavalo, que tranquilo pastava. De repente, ele ficou assustado e começou a relinchar. Pensei: "Alguém está vindo. Descobriram meu recanto e não poderei esperar Vida sozinho". Mas, para minha surpresa, quem vinha a galope era a amazona mais linda que já vira. Vida vinha linda! Como sempre, o sorriso em seu rosto era uma festa. Veio em direção a mim como se tivesse marcado um encontro. Saltou do cavalo sem esperar que eu a ajudasse, correu em minha direção e me deu um forte abraço. Ficamos muito tempo assim colados, nem parecia que tinha se passado um ano, mas havia tristeza em seus olhos, e isso não poderia passar a ninguém despercebido. Eram uns lindos olhos. Peguei sua mão e sentei com ela na relva. Disse que a tinha esperado todo aquele ano, mas sempre com a certeza de que voltaria a encontrá-la. Ela me olhou como se estivesse surpresa.

— Um ano? — perguntou. — Como se passou tanto tempo? Ainda ontem estive contigo, esqueceu? Você caiu do cavalo e eu cuidei de você, até lhe dei de lembrança meu lenço.

Fiquei olhando para ela. Será que Vida era perturbada? Como não sabia que se passara um ano? Por onde será que andava? Alisei seus cabelos. Disse estar enganado.

— Para mim, um dia é um ano sem você. Assim foi e você não entendeu.

Ela, então, deu uma sonora gargalhada e disse:

— Você gosta de brincar comigo! Mas me deixou assustada. Pensei que você poderia ter problemas na cabeça. Meu Deus, o que está acontecendo? Só você pode me ajudar nesse mistério.

Fiquei olhando para ela e me perguntando se seria sincera realmente, mas depois me arrependia por meus pensamentos. Ela estava ali, e era isso que importava, e não quanto tempo havia passado. Ela estava com a mesma vestimenta de sempre, o chapéu em sua cabeça era sua marca. Perguntei outra vez onde morava e por que não poderia vê-la em sua casa. Ela disse que poderia encontrá-la em muitos lugares, mas nenhum seria, para mim, de fácil acesso. Fiquei sem entender nada, mas não queria assustá-la com muitas perguntas, ela estava ali comigo. E essa era a melhor resposta que eu poderia ter conseguido. Ficamos a conversar sobre os livros. Falamos das flores, da natureza, de como era bom contar as estrelas ou sentir no rosto a chuva caindo. O tempo, nessa hora, parava. Era um momento mágico, tudo mais não existia. Só eu, ela e a natureza, não esquecendo os dois cavalos que se entrosavam e pastavam juntos como se há muito se conhecessem. Perguntei se ela não estava com fome. Tinha levado comigo algumas frutas. Recusou, dizendo:

— Quem me alimenta é o tempo.

Disse que ela não levava nada a sério e me falava em enigmas. Teria de aprender a decifrá-los e assim teríamos melhor convívio.

Ela como sempre ria de minhas palavras. Contou-me que conhecia todas aquelas paragens. Perguntou-me se não queria ir com ela. Me mostraria como a natureza é bela. Achei ótimo acompanhá-la. Era domingo, minha folga, não teria a preocupação de voltar ao trabalho. Pegamos nossa montaria e, dessa vez, cavalgamos lado a lado. Caminhamos muito tempo. Lugares que nunca tinha visto antes. Uma linda cachoeira e um córrego de água limpa e refrescante. Levei meu baio para beber água e, quando fui levar o dela, disse que não precisava, ele dispensava, não precisava dela. Fiz de minha mão uma concha e levei para ela essa água fresquinha, e ela disse que não a queria. Não tinha sede, ali me levou para que dessa água limpa me servisse.

— Como pode você não ter sede nem fome? — perguntei a ela. — Você é uma figura estranha...

Ela, rindo, jogou-se em meus braços, me beijou, e eu fiquei maravilhado. Ouvi o sino repicar!!! Vi descer as estrelas. Ouvi mais forte o barulho da cachoeira e pensei que fosse morrer nesse momento! Mas eu, assim extasiado, fiquei um pouco sem ação. Aconteceu sem eu ter esperado e, por isso, não tive reação. Ela saiu correndo e não pude segurá-la, pegou seu cavalo e foi embora em disparada! Eu fiquei ali, como uma estátua, sentindo ainda aquele doce beijo que alimentaria os dias seguintes, pois muito tempo ela ficou sem aparecer. Todos os dias eu ia religiosamente esperá-la, mas voltava frustrado e mergulhava cada vez mais em meu trabalho. Amigos, não tive tempo de fazê-los, só o ferreiro era minha companhia. Conversávamos sobre muitos assuntos, só sobre Vida nunca mais falaríamos. Aquela senhora desapareceu. Cidade estranha era aquela. Mas, como eu pouco saía para andar pela cidade, poucas pessoas eu via. A não ser aquelas que vinham para receber meus serviços. Mas não entabulávamos conversa. Eu estava sempre compenetrado no que fazia. Passaram-se seis meses. Eu, numa maior aflição, comecei a cavalgar pelos arredores. Queria ver se encontrava alguma pista. Alguma coisa que me levasse onde Vida vivia. No fim da cidadezinha, havia um cemitério. Sem me dar conta, caminhei até lá. Entrei, fiquei por ele perambulando até encontrar algo estranho! Era um túmulo coberto de flores. A jazida era toda de mármore rosado; foi isso que me chamou a atenção. Contrastava com o branco que imperava naquela região. Aproximei-me para ver a figura que tinham emoldurado e colocado no túmulo. Qual não foi minha surpresa! Era alguém que parecia minha tão amada Vida! Fiquei perplexo. A semelhança era demais. Devia ser sua mãe, mas, estranho, para ser mãe de Vida era nova demais. Saí dali pensativo, o que estaria ocorrendo? Dizem que descrevi a pessoa errada, e igual à descrição que dei todos a conheciam em túmulo. Então, por que diziam que em vida não havia ninguém com a descrição por mim feita? Eram tantas interrogações. Mas essa foi demais! Fui à igreja com o firme propósito de saber tudo do padre. Entrei pedindo licença, fui direto procurá-lo. Assim que me viu, deu uma desculpa. Disse estar apressado demais. Tinha um compromisso que não podia ser adiado. Que eu passasse mais tarde e aí, sim, poderíamos, com calma, nos falar. E assim dizendo, deixou-me ali em meio à igreja, plantado, sozinho. Sentei-me e me pus a rezar. Aproveitei que havia tempos não ia à igrejinha. Pedi a Deus que me ajudasse. Vida por certo existia, mas quem era aquela do retrato? Quem me daria essa explicação? Senti um toque em minhas costas, me virei e tive uma surpresa, era aquela velha senhora que desaparecera depois de falar que desvendaria o mistério. Levantei-me e fui me juntar a ela, dizendo:

— Por favor, imploro-lhe que me conte toda a verdade. Se sabes sobre Vida, não me poupes, conte-me tudo em detalhes.

Ela disse que antes tinha de rezar seu terço. Repliquei:

— Deus a perdoará se hoje trocar o terço por uma Ave-Maria.

Ela deu um sorriso e disse:

— Assim será, me espere fora da igreja e iremos caminhar.

Fui lá para fora esperançoso, era um lindo dia. Fiquei a esperar, esperar, e nada. Nada da senhora aparecer. Pensei: "Não quis deixar de rezar o terço, precisarei ter paciência". Sentei na beirada da escada e fiquei distraído em meus pensamentos até que saiu o sacristão perguntando o que eu estava fazendo ali. Se estava passando mal, poderia me conduzir até a hospedaria.

— Não! — repliquei. — Estou esperando a senhora que está a rezar na igreja.

Ele me olhou espantado e disse:

— Ela já foi embora há tempos.

Levantei-me e corri até dentro da igreja. De fato, estava deserta. Poxa! Estavam brincando comigo. Mexendo com meus sentimentos. Agradeci ao sacristão e fui direto para o trabalho. Lá chegando, fui falar com o ferreiro José; ele assim se chamava. Era um bom homem, mas nunca foi meu conselheiro. Fui direto ao assunto:

— José, já foste ao cemitério?

— Todos aqui lá estiveram um dia. Numa comunidade pequena todos se tornam amigos. Assim, quando alguém parte, a cidade para para fazer o acompanhamento.

— Então, com certeza, sabes de quem é o retrato que está sobre o mausoléu rosado.

Ele ficou um instante me olhando sem falar. Parecia que, de repente, tinha ficado mudo.

— Não sei do que está falando. Não conheço túmulo rosado nenhum.

— Então vamos até lá, por favor, me faça companhia, quero lhe mostrar uma coisa, senão pensarei que estou maluco.

Ele retirou seu avental e disse:

— Vamos logo ver esse assunto. Não quero que penses que estou ignorando algo que você acredita ser um problema.

Fomos andando até lá. Pelo caminho, ele não abriu a boca para falar nada. Eu também estava cansado de falar, mas agora tinha algo para mostrar, e não podiam dizer que eu me equivoquei. Lá chegando, levei-o direto ao local onde tinha visto o túmulo. Lá estava, todo rosado e cheio de flores, mas, quando chegamos perto, para minha surpresa, o retrato estava faltando. Fiquei impressionado.

— Como tiraram o retrato daqui? — Fui ficando furioso. Estavam me fazendo de bobo.

— José! — disse. — Aqui está o túmulo rosado que você disse que não existia. E olhe a moldura sem a foto. Não é prova suficiente para você deixar de mistério e me contar o que toda essa gente não quer?

Ele coçou a cabeça. Andou de um lado para o outro e disse:

— Se contar, você não vai acreditar. Então, é melhor você esquecer tudo isso.

— Não posso — disse. — Vida já faz parte de minha vida, mas não posso aceitar que ela desapareça por meses ou até um ano sem poder ir procurá-la. Se você me tem alguma estima, se me considera pelo tempo em que já trabalho contigo, por favor, me diga onde ela mora e quem estava na foto que é tão parecida com ela.

— Como pôde vê-la? — perguntou. — Isso é totalmente impossível! Um dia, numa grande festa, Vida desapareceu de nossas vidas. Sente-se, que vou lhe contar.

E ficamos ali sentados em meio ao cemitério. E ele começou a contar:

— Vida, moça bonita, raio de sol de nossas vidas. Numa grande fazenda que tem nos arredores, mora uma grande família. Sete irmãos, bom rapazes trabalhadores, viviam a mimar a única menina que Deus colocou naquela fazenda. Tiveram a sorte de ela ser uma estrela brilhando sempre e trazendo para todos um carinho, uma palavra amiga. Vivia a correr por todos os cantos, cavalgava desde pequenininha. Seus irmãos a adoravam. Na cidade, não havia quem não se comovesse com a delicadeza e beleza da menina. Às vezes, passava em disparada, jogava flores no caminho. Dizia que era para amenizar a paisagem, pois na cidade era barro e pedra em todos os caminhos. As mulheres recolhiam as flores e as colocavam em vasos na janela. A cidade ficava toda enfeitada, era perfume de flores para todo lado. Na igreja, ela deixava sempre uma braçada de rosas. Dizia que igreja sem flores era noiva sem cabeça enfeitada. Até que toda essa alegria teve um final, e hoje, flores, só se forem colher ou comprá-las, mas ninguém quer de volta o que não pode voltar.

— José, não me fale por enigmas, já fizeram isso o bastante. Se começaste a me contar a história, por favor, nada me omita, mesmo que vá me doer.

Antes de continuar, me perguntou:

— Ainda encontras com ela?

Respondi que sempre a vejo. Corro, sonho e passeio, mas sem tempo regrado. Às vezes, passo só uma semana sem vê-la, mas também já se passaram meses e até um ano.

— Daniel, esqueça essa moça! Mude de cidade, vá para outro povoado. Tenho um amigo numa cidade que não é muito distante daqui, em três dias cavalgando. Você chegará até esse meu amigo. O ofício dele é o mesmo. Você não terá problemas com trabalho. Vá, encontre uma boa moça e construa seu lar.

— Não era bem isso que eu estava pensando — respondi.

— Pensei em lhe propor dormir naquele quartinho dos fundos, assim economizaria o dinheiro da hospedaria, poderia atender seus fregueses a qualquer hora e construir minha casa. Já até achei o lugar, é um pouco fora da cidade, mas um lugar maravilhoso. Quero plantar e criar alguns novilhos. Depois, quem sabe? Até criar uns cavalos.

— Por mim está tudo bem — respondeu José. — Se é assim que você deseja, mas vamos embora que deixei o estabelecimento aberto.

— Espere! Você não me falou onde está Vida.

— Não preciso! — respondeu. — Você, pelo que contou, sabe melhor do que eu de seu paradeiro.

Aceitei suas palavras. Era mais do que eu já havia conversado sobre Vida. Então, ela vivia por ali. Era uma boa moça. Com sete irmãos a lhe cuidar. Mas o que teria acontecido para Vida não querer mais passar por esta cidade? Isso ia eu me perguntando. José e eu caminhávamos calados. Chegamos e fomos direto ao serviço. Tinha muito trabalho acumulado. Pela primeira vez, não fui à procura dela. A tarde livre, que era minha hora de almoço, aproveitei para fazer a limpeza do quartinho onde moraria. De manhã, quando viesse trabalhar, já sairia definitivamente da hospedaria. E, assim, mergulhado em serviço, nem dei conta de como as horas passaram depressa. Fechei o estabelecimento, pois José já tinha se ido e fui para a hospedaria juntar minhas coisas e fazer o acerto do que estava devendo. Assim, na manhã seguinte, despedi-me, dei meu novo endereço e disse que ali estava se precisassem de mim. Eu estava feliz! Economizaria um bom dinheirinho e começaria a construir minha casa. O quarto não era grande, mas tinha uma boa janela e algumas tábuas que eu transformei em cama. Para mim era o suficiente. Tinha um cantinho que eu arrumaria para cozinhar minhas refeições, mas isso nem precisei fazer. José tinha falado com sua esposa e eles me ajudariam em meu empreendimento me mandando as refeições. Só o café da manhã teria de providenciar. Como a vida era bonita! O ar que entrava pela janela trazia o perfume das flores, que me lembravam Vida. Vida! Meu Deus, como posso ter esquecido. E se ela foi me encontrar? Pensará que a abandonei e nunca mais voltará. Corri rápido com meu serviço. Pediria a José todo o restante do dia livre e, assim, fui em disparada ao local de encontro. Meu coração batia descompassado. E se Vida nunca mais viesse ao meu encontro? Nunca mais era tempo demais. Sabia que isso não aconteceria. Estava apaixonado por ela e pediria sua mão em casamento. Antes, teria de construir a casa, mas a levaria para conhecer o local. Assim pensando, cheguei ao lugar marcado por nós em encontros. Vi uma figura sentada, colada na árvore. Não dava bem para divisá-la. Quando cheguei perto, saltei do cavalo e corri em disparada. Pela primeira vez, era Vida que me esperava. Quando me viu, veio correndo ao meu encontro.

— Daniel! Como você demorou! Pensei que tivesse me abandonado. Fui atrevida em lhe dar aquele beijo apaixonado.

Eu a abracei acariciando seus cabelos. Nossos corações batiam juntos uma descompassada canção de amor.

— Vida, vim aqui todos os dias. Esperei ansiosamente e você não apareceu. Foram semanas que fiquei a imaginar como seria minha vida se você me abandonasse, mas o que importa é que agora estamos juntos. Vamos dar um passeio, que quero lhe mostrar uma coisa.

Ela me deu a mão, disse que não queria se separar de mim. Se não desse para ir caminhando, era melhor lhe mostrar outro dia essa surpresa. Atendi o seu pedido e ficamos ali mesmo a passear. Estranhei... Vida não estava risonha, algo tinha acontecido. Tinha medo de perguntar, e ela fugir como das outras vezes, mas foi ela quem disse:

— Daniel, por onde andas quando não estás no trabalho, por que visitas o cemitério? Por quem tu foste chorar? Pedi que tivesse calma.

Era uma enxurrada de perguntas, mas como ela sabia de meus passos? Como a indagaria?

— Vida, já sei que moras com seus irmãos, mas não consegui saber onde fica a fazenda. Você tem vergonha de mim, por isso não quer me apresentar aos seus irmãos? Meu trabalho é humilde, mas tenho o firme propósito de construir minha casa. Era isso que queria mostrar a você: a terra que eu já escolhi. Estou morando num quartinho, é pequeno, mas jeitoso. Economizarei o bastante para comprar os primeiros tijolos.

— Pare de falar! — gritou Vida. — Essa não é a realidade! Queria muito que fosse, mas não posso ter essa vida que pretendes para mim. Eu te amo demais. Não queria mais sair de perto de ti, mas nossos caminhos estão separados. Eu sou a ilusão e você a certeza de que há uma vida inteira para viver.

— Vida! — disse eu. — O que há por trás de tudo isso? Por que nem você nem os seus vão à cidade? Por que se escondem como se fossem fugitivos?

Ela, passando a mão em meu rosto, disse:

— Se tiver de falar de mim, vou ficar triste e talvez nem volte mais aqui!

Eu a abracei chorando, dizendo nada mais me importar, mas queria que pensasse em meu pedido. Queria me casar com ela na igrejinha. Ela se levantou e vi a tristeza em seu rosto. Saiu correndo gritando:

— Você não entendeu nada! Se quer ficar comigo, tem de ser desse jeito — e foi-se embora num galope desesperado. Eu fiquei ali parado, pensando o que estaria acontecendo. Só se Vida fosse era casada. E, por isso, nossos encontros teriam de continuar longe de todos. Fiquei chateado. Vida, casada? Mas não, José, com certeza, me alertaria. Quando me contou parte da história, não mencionou que Vida tinha formado família. Fui caminhando, levando meu cavalo pelas rédeas. Não tinha pressa de chegar em casa. Andar ao ar livre era o melhor remédio. Cheguei em casa cansado. Cuidei de meu animal e fui me recolher na mesa por mim improvisada. Tinha um prato de sopa bem quente. Intimamente agradeci a José, era tudo que eu precisava no momento. Tomei aquele caldo gostoso e fui me deitar, não queria pensar em mais nada. Acordei com José me chamando. Levantei assustado, dormi demais, pensei. José já tinha iniciado o trabalho e eu na cama, como se estivesse adoentado. Joguei sobre a cabeça um balde de água fria, isso me reanimou para o trabalho. Pedi desculpa a José, estava envergonhado por ter me atrasado.

— Você não está bem — ele disse. — O que aconteceu?

— Aconteceram tantas coisas. Encontrei-me, ontem, com Vida. Perguntei sobre sua família. Contei-lhe dos meus planos e disse que, se ela aceitasse, me casaria com ela. Já estou cansado desses encontros furtivos, quero mostrá-la a todos. Mostrar como estavam enganados em não querer, falar dela. Estamos apaixonados, mas Vida tem um segredo na vida dela.

— Daniel! — disse José. — Deixe Vida em paz, será melhor para você não saber da história. Deixe ficar esses encontros, que você diz serem maravilhosos, apenas em sua memória.

— José, se dissessem para você abandonar sua família, se contentar só com lembranças de sua esposa, você aceitaria? Estou preso a Vida, não posso viver sem ela. No máximo, posso esperar alguns meses, mas com a certeza de que faço parte da vida dela. Seu lenço, que guardo como lembrança, é sua presença no meu dia a dia, me dá forças para esperar o tempo de vê-la de novo. Sem ela não existo! Paro de respirar, de me alimentar. Sem Vida, vida para mim não existe.

José abaixou a cabeça dizendo não tocar mais no assunto, mas era melhor não contar para ninguém que a encontrava, ou me teriam como maluco. Fiz meu serviço aborrecido. As horas custaram a passar. Estava um dia chuvoso, frio. Nem sabia se iria encontrar Vida. Quando a tarde chegou, a chuva tinha parado. Encaminhei-me para o local onde iria encontrar Vida. Lá chegando, para minha surpresa, quem me esperava não era Vida, mas aquela senhora que vivia me alimentando de esperança que desvendaria todo o mistério.

— Como a senhora chegou aqui? Estava esperando por mim? Fui apeando do cavalo e formulando as perguntas.

— Calma! — ela disse. — Teremos toda a tarde para desvendar mistérios.

Peguei-a pelo braço, fiz com que se sentasse num tronco, e sentei-me ao seu lado, não lhe dando chance de ir embora.

— Uma parte da história já lhe contaram — disse ela. — Agora vamos ver se você acredita nessa velha de boa memória. Uma amazona bonita faz qualquer ser se apaixonar, ainda mais se for um sonhador, que tem coração com espaço. Quando fazemos a passagem deste mundo, vamos por lugares diferentes. Uns para lugares tranquilos, por merecimento, outros ficam vagando, não tendo a paz de espírito até ter o entendimento de que viver não é fazer da vida dos outros um mar de sofrimentos, mas há aqueles que têm condições de voltar. Retornam ao mundo terreno e nem assim estão a vagar. Uma porta é sempre aberta e, se teve vida correta, pode ainda visitar os seus. Mas precisam saber que têm vida separada e que aqui não podem mais ficar.

— Minha senhora — disse — a senhora ficou cheia de rodeios, disse coisas estranhas que, para mim, nenhum significado têm. Quero saber de Vida, ou a senhora nada sabe e quer complicar mais ainda minha vida?

— Moço, tenha calma e preste bem atenção! Não vou lhe dizer que não vês o que vê, mas tome muito cuidado! Podes ficar embriagado e sofrer por causa dessa paixão. Procure uma moça num povoado. Vá viver uma vida tranquila e deixe os sonhos de lado.

— Não entendi nada que me falaste. Era para nossa conversa dar o mistério por terminado, mas eu fiquei mais confuso. Por que não posso me casar com Vida? Porque sou pobre, não tenho nada a oferecer? Porque sou pobre e ela é rica?

— Você não entendeu nada! — Disse a boa senhora. — Vou falar mais explicado, mas não fique desesperado e contra mim por ter contado. Vida era uma moça, como já lhe contaram, que a todos enternecia. Vivia a cavalgar e estava sempre sorrindo. Um dia, a febre a abateu. Seu pai mandou chamar doutores de todos os lugares, mas nada deu resultado. A febre a consumia. Delirava e a mais ninguém ouvia. Assim se passaram sete anos. Sete anos em que todos se reuniam na igrejinha fazendo preces para que ela se curasse. Então, numa manhã ensolarada de setembro, ela partiu, conservando um sorriso nos lábios. A cidade ficou triste. O sino da igrejinha emudeceu. As flores perderam seu viço. Uma linda e meiga mocinha morreu.

— Mas de quem a senhora está falando? — perguntei. — Pedi que me falasse de Vida! Essa história que a senhora contou deve ser de outra pessoa conhecida. Como pode Vida estar morta, se com ela falo quase todos os dias? A não ser quando some, mas só por um tempo. Quando aparece, é como se tivéssemos nos vistos todos os dias.

— Filho, preste atenção! Não estamos falando de alma penada, estamos falando de alguém que partiu, mas que vive por estas paragens.

— A senhora quer me dizer que Vida não existe? Então quem é que vem ao meu encontro, me abraça e me beija? É um fantasma? Mas não usa camisolão branco nem chapéu pontudo na ponta. Acho que estamos falando de pessoas com o mesmo nome, mas com vidas diferentes.

— Então, meu jovem, vou andando, mas eu era ama de Vida. Carreguei-a no colo e quase morri quando a perdi. Foram sete anos de sofrimento, vendo minha menina inerte como se não fizesse parte desta vida. Eu a alimentava, acariciava e nem sei se ela o sabia. A ternura, a meiguice nunca saíram de seus olhos, parecia que estava dormindo. Às vezes me olhava, alguma coisa balbuciava, parecia querer ir embora e não podia: suas risadas ainda hoje ecoam pela casa, e as flores de que tanto gostava e cuidava nunca mais deixaram de florir na fazenda. Mas, se você quer confirmar a verdade, é só seguir o riacho e vai encontrar a fazenda. Ali ainda moram seus pais, eu os conforto dizendo que ela ainda está aqui. Seus irmãos foram pela vida espalhados, seguiram cada um seu rumo e para casa nunca mais voltaram. Às vezes, mandam lembranças. Escrevem cartas e o mensageiro demora tanto para entregá-las, que, quando contam que esperam a chegada de uma criança, a criança já está em andanças. Agora já vou indo, fique em paz e já sabes onde me encontrar se for preciso.

Eu fiquei mudo. Minha cabeça parecia um pião. Alguém puxou a fieira, e ela rodava sem parar. Meu Deus! Vida não existe? Como posso acreditar, se já a tive em meus braços e senti seu coração pulsar! Mas como podem todos estar enganados? O ferreiro, o sacristão, o rapaz da hospedaria, até o pároco, que não me deu chance de nada contar, com certeza já sabia do que iria falar, mas agora já tenho uma pista e vou segui-la para terminar minha agonia. E assim fui andando até encontrar o riacho. Fui seguindo seu córrego até dar numa cerca. Contornei-a e achei a porteira. Estava fechada, o silêncio imperava. Não havia ninguém por ali. Bati palmas, chamei:

— Ó de casa, alguém poderia me atender, por favor!

O silêncio continuava, então tomei a decisão, pulei a cerca. Fiquei todo arranhado. Era arame farpado emaranhado que fazia a cerca de construção. Fui caminhando até a casa quando ouvi uns latidos. Vieram diversos cachorros na minha direção, eu comecei a correr deles, que me perseguiam. Encontrei uma árvore baixa, galguei-a e fiquei sentado lá em cima. Os cachorros faziam um escarcéu, não sei como ninguém estava ouvindo. Então escutei um estalido. Era um senhor com a espingarda engatilhada.

— Vá descendo devagar! — disse ele. — Com as mãos nas costas e sem pensar em correr, minha carabina está engatilhada e eu meto chumbo em você!

— Foi uma senhora que disse que eu viesse até aqui.

— Senhora tem nome, sem nome há muitas por aí.

— Ela não falou e eu me esqueci de perguntar.

— Esse trololó está ficando esticado. Vá andando até a porteira e dê o fora de minha casa.

— Senhor, eu queria lhe falar. Conheci sua filha, amo-a e com ela quero me casar.

O velho se assustou, que até deu um tiro para o alto.

— Estás de brincadeira! Ou o que pensas que pode fazer comigo? Minha filha está morta! E não tenho outra que possa se casar contigo.

— Vida, não é esse o nome de sua filha? Tenho-a encontrado quase todos os dias. Ela é linda! Morena clara, cabelos negros e olhos azuis que fazem inveja às estrelas...

O velho deixou cair a arma, e disse:

— Deixe de brincadeira! Meu coração não é tão forte para escutar esse tipo de besteira. Vida se foi já faz três anos. Fora os sete em que ficou inerte, sem fazer parte de nossas vidas. Era só febre e delírios que consumiram a ela e a toda a família.

— Já me contaram tudo isso, e eu vim tirar a limpo para ver se se trata da mesma pessoa.

— Peço desculpas, meu amigo! Venha, entre, que minha velha vai lhe preparar algo quente enquanto fazemos o dito esclarecido.

Entramos na casa e ele me apresentou a uma senhora que tinha todos os traços de Vida. Os olhos eram tão parecidos, a maneira de olhar enternecida, fiquei parado em frente a ela sem dizer nada. Pediu que eu me acomodasse e logo, logo traria algo para que nos esquentássemos. Fiquei sentado parecendo uma estátua, pois emoldurado na parede estava um lindo retrato igualzinho ao que vi na sepultura, só que era maior a figura. Fiquei estático, não consegui dizer uma palavra. O velho tinha voltado à sala, pois tinha ido guardar a sua arma. Ficou me olhando e disse:

— Estás passando mal? Estás pálido! Acho que o assustei com minha espingarda.

Não consegui balbuciar uma palavra. Coloquei o dedo em riste apontando para o retrato.

É minha filha! — disse ele. — A moça mais bonita das redondezas, mas nos deixou.

— Foi dela de quem lhe falei. É a mesma pessoa que tenho visto. Todos a dizem morta, mas está mais viva que nunca.

— Filho! — disse ele. — Você parece perturbado! Vida não existe mais, a não ser na lembrança destes velhos e de todos que tiveram a graça de conhecê-la.

— Senhor, vou contar todo o acontecido.

E assim lhe narrei toda a história. Quando acabei, ele estava chorando e, ao lado dele, sua senhora enxugava suas lágrimas.

— Nunca teria inventado tudo isso. Foi uma coincidência nosso encontro. Por acaso estava no mesmo caminho que Vida sempre passava. Agora estou tonto, zonzo. Não sei o que será de minha vida. Fiz planos, comecei a construir minha casa e estou apaixonado por alguém que não existe mais!

A senhora veio até mim e, me abraçando, disse:

— Venha, vou lhe mostrar o que não foi mexido. Desde que Vida partiu, conservo seu quarto como se fosse voltar algum dia.

Era uma casa grande, de muitos quartos. O quarto que era de Vida ficava no final, a janela dava para a frente da casa. Era um quarto todo rosa. Cheio de bonecas a enfeitar. Flores desenhadas na parede formavam lindos painéis, como se todo o quarto fosse uma mata. Sua mãe ia mostrando tudo e dizendo:

— Foi ela mesmo quem o fez. Ela gostava de pintura, flores e natureza, para ela, era um casamento perfeito.

A cama, com uma colcha acetinada, parecia que tinha acabado de ser feita. Um par de chinelos no tapete e uma roupa dobrada na banqueta. Seu retrato estava em uma mesinha. Eram muitas fotos, desde o tempo de criança. Tinha fotos com seus pais e sempre os irmãos à sua volta. A senhora foi falando todos os nomes, mas não consegui gravar nenhum deles, só olhava o retrato que emoldurava Vida, pois era igualzinho ao que não consegui mostrar ao ferreiro. Peguei-o e perguntei à senhora se poderia levá-lo comigo.

— Sinto muito, meu filho, mas tudo que vês neste quarto é para ficar resguardado. Todas as vezes que sentimos falta dela, é aqui que vimos buscar um pouco de alento, mas fique certo de que toda vez que quiseres podes vir, não precisas de permissão, se és amigo dela. Bem-vindos sejam os amigos!

E assim dizendo, foi saindo do quarto e me levando pelo braço. Quando cheguei à sala, o pai de Vida estava pensativo, perguntou-me como procederia. Se iria mandar rezar uma missa na igrejinha.

— Por quê? — perguntei. — Só porque Vida está morta para vocês, acham que também estará para mim?

— Filho, pense bem! Não estás na sua justa razão! Não estamos falando de alguém que está entre nós. Estamos falando de uma aparição!

— É aparição para vocês! — disse. — Se eu a abraço, a beijo, se a sinto em meus braços, como posso acreditar que esteja morta? Agradeço a bondade de vocês, não sei que explicação terei de tudo isso, mas de uma coisa tenho certeza: não deixarei de ir aos encontros com Vida.

— Deixe-me ir com você — disse a bondosa senhora. — Se minha filha está de volta, quero abraçá-la e trazê-la para casa de volta. De fato, nunca deixei de senti-la viva, por isso mantenho seu quarto, como se fosse voltar a qualquer momento. Irei com você. Espere só um pouco que vou trocar de roupa e pegar um agasalho.

— Senhora, espere. A hora do encontro já passou e nem sei se hoje a encontraria. Às vezes passam-se meses, dias ou ano sem que eu a veja. Eu, assim dizendo, tirei o lenço que trazia guardado sempre perto de meu peito e o mostrei:

— Veja, ela me deu como lembrança quando caí do cavalo. Foi com ele que molhou minha testa.

A mãe de Vida pegou o lenço e desatou a chorar, dizendo:

— Este lenço era o que estava em seu rosto quando compus a mortalha. Três anos se passaram e ele continua intacto, como se estivesse novo. Tenho certeza de que é o mesmo. Eu mesma o bordei.

E assim dizendo me devolveu. Seu esposo estava mais calmo e disse:

— Se com Vida tu manténs contato, diga-lhe de nosso amor. O quanto nos falta e o tamanho de nossa dor.

Dei-lhe um abraço dizendo:

Não sei a que isso vai me levar, mas quero pedir segredo. Não quero que a pensem fantasma e a comecem a procurar, mas, se desejam vê-la, devem ir amanhã ao meu encontro, quem sabe ela apareça e atenue sua dor.

Agradeci e fui embora. Já estava se fazendo tarde. Agora passei com a porteira aberta, sentia-me mais um membro daquela casa. Cheguei à cidade cansado. Tomei um banho e fui dormir. Eram tantos os acontecimentos que nem me dei conta de que Vida só era realidade para mim. Dormi e sonhei com ela. Estava linda e me chamava.

— Esqueceu-se de nosso encontro? — dizia ela. — Esperei por ti até bem tarde. Estou te esperando — dizia ela.

E assim, repetindo diversas vezes, foi sumindo como fumaça. Acordei sobressaltado, com o corpo todo suado. Sentei na cama e fiquei pensando. Era ela mesma ou apenas um sonho? Peguei um pouco d'água e molhei minha cabeça. Sentia um calor danado, mas lá fora o vento zunia com o frio, contraste com o que eu estava sentindo no momento. Peguei um livro para ler, pensando em me distrair. Logo pegaria no sono e deixaria o livro no abandono, mas não foi isso o que aconteceu. Não consegui fixar uma página e o dia amanheceu, como num passe de mágica. Estava cansado, todo doído. Os arranhados inflamaram minha pele. Eu, quando cheguei, tinha até esquecido de que estava machucado. Fui me lavar, tomei um café bem quente e peguei no serviço. José chegou cedo. Reparou que eu já tinha trabalhado muito. Ficou pensativo e perguntou se atravessara a noite trabalhando.

— Tenho tanta coisa para te contar! — disse a ele. — Conheci os pais de Vida, sua ama e, pelo retrato, os irmãos que fizeram parte da vida dela.

— Fizeram parte da vida dela? — perguntou ele. — Então já sabes e confirmaste o que venho te falando há tempos. Vida está morta! O que vês é ilusão! É algo que não consigo lhe explicar porque foge ao meu conhecimento.

— Sabes o lenço que ela me deu? Foi reconhecido por sua mãe. O bordado, ela mesmo o fez. Disse que era o complemento de sua mortalha e se espantou, pois três anos se passaram e ele continua intacto. Sabes, não estou apavorado por amar alguém que já partiu desta terra. O que me apavora é não saber quanto tempo ela ainda ficará por aqui. Aí, então, não sei o que será de mim. Sabe? No quarto de Vida, encontrei o tal retrato que quis lhe mostrar na sepultura. Quis trazê-lo comigo, mas sua mãe não dispõe de nada daquele quarto. É de Vida, e assim continuará como se ela ainda estivesse viva. No seu quarto senti seu cheiro, senti sua proximidade. Conheci onde teve seus momentos íntimos, onde tinha toda a liberdade. A pintura na parede é sua marca registrada, traz a calma para quem conhece e se transporta para a natureza. Vamos comigo algum dia? Tenho certeza de que seus pais vão recebê-lo com alegria. Sua mãe disse que são bem-vindos seus amigos. E você, como é meu amigo e participa das minhas emoções, tem todo o direito de compartilhar dos segredos de minha vida. Agora, deixe-me trabalhar, tenho de adiantar bem o serviço. Vou hoje ao encontro de Vida e levarei os pais dela comigo.

E, assim dizendo, até cantarolei para fazer mais rápido meu serviço. Quando José foi almoçar e fiquei só na ferraria, apareceu, sem fazer barulho, aquela que eu já sabia fora ama de Vida.

— Filho — ela disse — de nada adiantou nossa conversa, era para você dar tudo por terminado, mas agora até seus pais querem encontrá-la em vez de fazer as preces.

— Senhora, nem sei seu nome, o que é uma indelicadeza. Se amaste tanto Vida, tens de mim muito amor e apreço, mas lhe peço que me deixe em paz. Deixe-me viver como quero. Se é ilusão amar Vida, é viver nessa ilusão que eu quero.

— Meu nome é Antônia. Toninha, ela me chamava. Você, meu bom rapaz, que ama quem muito amei um dia tem o mesmo direito de me chamar como ela. Se de mim precisar, sabes onde me encontrar, mas que o desespero não lhe tome conta se nunca mais a encontrar.

— Agradeço sua preocupação, Toninha. Quero preservar sua amizade. Quero contar consigo, para que me conte sobre Vida, e assim selaríamos nossa amizade. Agora tenho de me apressar no trabalho, tenho um encontro à tarde e não posso fazê-la esperar. Beijei-lhe a mão e ela foi embora. Era uma senhora estranha. Mas, se tinha o amor de Vida, com certeza era boa pessoa. O dia passou rápido, a tarde logo se fez chegar. Arrumei-me melhor, como nunca fazia. Era um encontro cerimonial com os pais de Vida. Quando lá cheguei, eles já estavam me esperando. Tinha lhes falado da árvore e do tronco perto dela caído. Assim, foi fácil para eles encontrarem o lugar. Fiquei temeroso de Vida não aparecer e a ilusão deles acabar. Cumprimentei o senhor e osculei o rosto da mãe de Vida. Eram tão parecidas! Eram felicidades em minha vida! Ela me deu um abraço, dizendo ter chegado há pouco, e perguntou:

— Onde a esperaríamos? Por onde ela ia passar?

— Como lhes falei, não tenho certeza de que hoje a encontrarei. Venho aqui todos os dias, mas nem todos os dias a vejo. Sentem-se, vamos esperar um pouco. Quando menos esperarmos, ela há de aparecer.

Em seus rostos eu via a ansiedade. Lembrei das palavras de Toninha. Estava com medo de decepcioná-los e não acreditarem em mim, mas colocando a mão no peito e sentindo o lenço... Não precisava provar mais nada a ninguém, a confirmação de que sempre a via estava juntinho do meu peito. Escutei um cavalgar. Meu coração disparou. Era Vida que vinha chegando e correndo ao meu encontro.

— Vida! — exclamei. — Estamos te esperando faz tempo!

Ela, jogando-se em meus braços, fez expressão de surpresa e disse:

— Estamos quem? Você e seu cavalo?

— Não! — exclamei. — Trouxe duas pessoas comigo, você não quer vê-los? Estão sentados no tronco a esperando faz tempo.

— Não lhe falei que não podia ser assim? — disse ela. – Não faço mais parte de suas vidas, não posso mais ficar! Tenho de ir embora, volto outro dia. E, assim dizendo, se foi a galope. Eu fiquei ali parado, espantado. Não sabia o que iria dizer aos seus pais quando me virei para encontrá-los. Estavam a poucos passos de minhas costas.

— Você estava falando com ela? — perguntaram — Mas não conseguimos vê-la. Só escutávamos suas palavras.

A mãe de Vida chorava, dizendo:

Ela não quis falar conosco. Eu sei que ela estava ali, pude senti-la em meu peito. Não sei por que não pudemos vê-la, mas não queremos atrapalhá-lo. Se Vida ainda tem com você bons momentos, respeitaremos e não mais voltaremos. Mas com a condição de que vá sempre a nossa casa, para nos levar notícias dela.

Dei-lhe um beijo, falei com o senhor e eles se foram, numa pequena charrete que estava a seu dispor. Fiquei ali acenando. Não mais me contive e comecei a chorar. Meu Deus! Estava apaixonado por um espírito. Seria melhor desta Terra me levar, assim poderíamos ficar juntos!

— Nem pense nisso!

Escutei uma voz me dizer. Virei-me e, com espanto, vi Vida. Não a tinha ouvido chegar.

— Você tinha ido embora. Pensei que nunca mais fosse voltar.

— Não fui embora, apenas dei a volta. Sabia quem estava com você, mas não podia falar com eles. Ficar, naquele momento, de nada iria adiantar. Se eu lhes falasse por seu intermédio, ficariam mais tristes. E a saudade deles, com certeza, aumentaria. Eu os amei muito, quando aqui estive. Agora sabes de tudo. Sabes que vivo agora só em espírito. Tenho permissão para minhas caminhadas, mas não sabia que por esses caminhos ia encontrar um príncipe encantado.

— Príncipe encantado, eu? Você está brincando, sou um mero ajudante de ferreiro que se apaixonou sem ter direito de escolha. Sou escravo de meu coração, e ele fez sua escolha. Vida, meu temor é que você me deixe, por isso tive tal pensamento. Se você agora é só espírito, como posso a acompanhar, se nossos caminhos não são os mesmos? Todos da cidade sabiam de tudo. Que bom que não quiseram acreditar em mim, assim me sinto livre para continuar a encontrá-la. Eu fui até sua casa, mas acho que não preciso lhe contar. Você, com certeza, sabe de tudo.

— Não tanto quanto você imagina — ela disse. — Não entro mais naquela casa. Sinto-os em pensamento. Suas rezas são meu alento. Por muito tempo, senti saudades, chorava muito... queria voltar para eles... queria ter meus irmãos por perto e minha ama a me proteger. Mas, com o tempo e a dedicação daqueles que me ampararam, fui compreendendo que terminara o tempo de vida nesta Terra. Mas o meu sentimento por eles e o deles por mim continuaria. Esse amor todo não poderia se tornar um nada! Igual às flores que aqui distribuía. Faço agora em outro lugar. Só que agora levando a paz de espírito, e não para embelezar. Onde vivo existem vários jardins, são cultivados com amor. As rosas recolhidas vão comigo quando caminho, levando aos que sofrem as palavras do Senhor. Às vezes, o trabalho é muito! São tantos a chegar, e o sofrimento e o entendimento demora. Só posso vir aqui quando as dores conseguir amenizar, mas era só para correr pelos campos, não sabia que o amor iria encontrar. Já fui advertida por isso. Por isso, algumas vezes cheguei aqui triste. Não poderia me relacionar com você. Sou agora só espírito, mas quando estou com você sinto como se ainda estivesse viva! Não sei o que vai acontecer. Se vão me proibir de vir a essas paragens, mas, se compreenderem o quanto meu amor é sincero, talvez me deem a chance de continuar a vê-lo. Só tem uma pessoa que pode, além de você, comunicar-se comigo. Pode não me ver, mas em pensamento consegue conversar comigo. Toninha me conta tudo o que acontece, mas fiquei triste quando o aconselhou a se esquecer de mim. Sei que ela o estava resguardando e também a mim. Ela teme que tudo acabe em sofrimentos, mas tenho certeza de que não será assim.

— Também vivo nessa certeza, Vida. Não importa se terei de esperar pouco ou muito tempo, mas esperarei por toda a vida.

— Daniel, preste atenção! Meu tempo não é o seu tempo. Agora compreendo o que aconteceu quando você disse que me esperou por um ano e eu me espantei. Para mim, só tinha se passado um dia, mas não foi o que aconteceu. Não sei se você terá a paciência de me esperar e não me ver. Tenho medo de que minha ausência me afaste de você. Tem outras moças na cidade que podem fazer o que desejas. Casar na igrejinha e ter o filho que tanto almejas. Isso nunca terás comigo. Pense bem se vale a pena vir ao meu encontro todos os dias. Se você disser agora que está tudo terminado, continuarei a amá-lo por toda a eternidade. Nunca vou querer-te mal. Você foi uma aparição em minhas caminhadas. Quando aqui vivi, tive vários amores, mas diferentes do que sinto por você. Amava meus pais, meus irmãos, minha ama Toninha, meus animais, as flores e todos os que viviam na cidade, mas o que sinto por você é como o sol da manhã, é como a chuva caindo no corpo suado, é ouvir o cantar da passarada, é o badalar do sino da igreja, que acorda os fiéis sobressaltados, mas traz nos acordes a melodia, como se dissesse: Deus está presente e te espera para orar. O que sinto por você é maravilhoso! Mas não posso lhe pedir o sacrifício de me esperar, se não sei por quanto tempo ainda poderei vir. Não depende de mim. Ainda tenho muito que aprender, ficar do outro lado não é só um passeio. É ajudar os que precisam, ajudar a si mesmo entendendo os erros desta vida vivida. Vou-me embora, fique com seus pensamentos. Procure Toninha e faça melhores esclarecimentos. Se puder, amanhã estarei de volta, mas, se não vieres, saberei sua resposta. Assim dizendo foi-se em seu cavalo em disparada. Eu fiquei ali, parado, calado, sem reagir. Era um turbilhão de acontecimentos. Quando eu pensava que tudo era um simples mistério, que quando conseguisse desvendá-lo tudo ficaria em paz, me vem essa incerteza no coração, esse aperto, de como conseguiria viver assim. Eu a amava, mas queria tê-la em meus braços todos os dias. Queria uma casa arrumada e a correr pela casa muitos filhos. Saí dali e fui até a casa que estava construindo. Vê-la, para mim, era uma alegria. Cada madeira que comprava eu alisava com carinho. Eu queria que, quando estivesse acabada, o carinho que passava para cada tábua fizesse um isolante no ninho. Agora, olhando, tudo perdeu o significado. Nunca seria, do amor, o ninho. Nunca poderia viver ali com minha amada! Fui para o meu quartinho, pois estava cansado. Como sempre, José colocou na mesa um prato de sopa a me esperar. Era calorosa a sua bondade. Na minha tristeza, nem vontade de tomar a sopa eu tinha. Até pensava que era melhor deixar de me alimentar para ver o que acontecia. E isso aconteceu sem me dar conta.

No dia seguinte, estava eu no mesmo lugar esperando encontrar Vida, mas ela não apareceu. Entretanto, como ela mesma disse, nem sempre poderia ali estar. E, se eu quisesse continuar a vê-la, tinha de aceitar. Fiquei muito tempo ali sentado, veio a chuva e minha roupa estava em meu corpo colada. Nem me dei conta, peguei meu cavalo e fui sem trotar de volta à cidade. Sentia-me meio esquisito. O corpo fraquejava, parecia estar febril, e ainda com toda aquela ãroupa molhada. Troquei-me e fui me deitar. A comida ficava esquecida no prato. Acordei com um pano em minha testa, gritei:

— Vida! Que bom que estás aqui comigo!

Mas não era ela que ali estava, era Toninha que de mim cuidava.

— Está melhor? — perguntou. — Já faz quatro dias que aqui estás. A febre não queria deixá-lo. Lembrei até de minha menina, que eu cuidei, quando a febre a consumia.

— Estou melhor — respondi. — A senhora falou quatro dias? E o meu serviço? E Vida? Como foi que me acharam?

— Deixe de tantas perguntas — disse ela — estás fraco... tome esse caldo quente que, aos poucos, vai reanimá-lo. E, se você fizer um esforço e tomá-lo todo, vou lhe contando quem me trouxe e como o soube doente.

— Por favor, me diga se sabes de Vida!

— Foi ela quem aqui me trouxe. Estava dormindo, acordei assustada com alguém me falando para vir até sua casa. Você estava precisando de ajuda, estava doente e ninguém a lhe cuidar. Estava frio e chovendo. Peguei meu xale e fui até a casa do ferreiro, pois aqui já tinha estado, mas não consegui entrar. Estava tudo fechado. José, a princípio, não quis acreditar, mas lhe disse que, se não viesse abrir a ferraria, quando amanhecesse, talvez fosse tarde. Quando aqui chegamos, você ardia em febre. O prato sobre a mesa indicava que você nada comera, e os restos que José viu na lata do lixo indicavam que pouco você estava comendo. Fui buscar umas ervas e José me ajudou a administrar. Fiquei a lhe colocar as compressas, não deixando a febre aumentar. Mas, graças a Deus e a Vida, pude socorrê-lo a tempo.

Agradeci a bondade dela para comigo. Fechei os olhos sonolento, ainda me sentia fraco. Adormeci e, quando meus olhos abri, tive uma grande surpresa, quem estava do meu lado era o padre. Sua fisionomia demonstrava tristeza.

— O senhor aqui? — perguntei. — Já sei, veio me ministrar extrema-unção, mas não fique triste por mim. Ir embora desta Terra, para mim, será uma bênção!

— Nada disso! — respondeu-me. — Estou aqui porque o soube doente, mas trate de se levantar logo dessa cama que teremos uma longa conversa.

— Padre, se vais me falar de Vida, não é mais preciso, esqueça o assunto. Foi tudo imaginação minha.

— Não foi o que me contaram. Andam falando por aí que você vai lá para os campos ver Vida em encontro marcado.

— O senhor acreditou? Como posso me encontrar com Vida, se faz três anos que ela está morta!

O padre, enxugando o suor da testa, deu um enorme suspiro e disse:

— Fiquei preocupado à toa. Esse povo não sabe mesmo o que diz, mas, quando estiveres melhor, passe lá na igrejinha, se não for para falar comigo, que seja para orar um pouquinho.

Pedi sua bênção e ele foi embora. Ele estava aliviado e eu estava com medo. O que aconteceria se eu lhe contasse meu segredo? Toninha sentou-se ao meu lado e disse:

— Saiu-se muito bem! Se confirmasse tudo ao padre, que tens à tarde Vida ao seu lado, a história seria diferente. Para ele, quem parte não volta. E quem tem visões está possuído. Não tem ele entendimento de que só morre a matéria, o espírito continua vivo, mas o contato que você tem, nem eu tenho explicação para isso.

— Deixe isso para lá! — disse — ele já se foi. Eu não me importo com o que pensem, mas tenho de que preservar Vida. Foi o que ela pediu e eu agora compreendido. Não sei como vou viver daqui para a frente. Tudo o que ambicionei um dia agora não tem mais importância. Vou acabar de construir a casa e gostaria de que você ficasse com ela. Você falou que mora com os pais de Vida, e agora tens a oportunidade de ter sua própria casa.

— Não, senhor! — disse ela. — Vais continuar a construí-la e vais para lá morar, mas, se fizeres gosto, essa velha ama irá morar com você. Assim poderei lhe cuidar. Sinto em você a presença de minha menina, e cuidar de você será como se cuidasse dela.

Dei-lhe um abraço, dizendo:

— Toninha, suas palavras me trazem um pouco de esperança. Mesmo não tendo Vida comigo a morar, terei você, que fez parte da vida dela. Construirei uma lareira, colocarei em frente dois bons assentos para nossas longas horas de conversas. O que eu não mais queria agora terei toda a pressa em terminar. E a decoração ficará em suas mãos. Sabia que construiria a casa. Mas pensava que Vida a fosse decorar e, como isso é impossível, deixo em suas mãos o aconchego do nosso lar. Faça a lista do que for preciso e, assim, aos poucos, vou comprar. Você me deixou animado! Já até me sinto forte para começar no serviço.

— Nada disso! Ela disse. Tens ainda de repousar, para não ter uma recaída, mas, já que melhoraste, vou até em casa, que meus patrões querem notícias suas. Vou aproveitar para avisá-los que, quando para a casa nova tu mudares, serei sua ama.

— Não quero que seja assim! — disse para ela. — Quero que eu e você formemos uma família. Não é como serviçal que a quero morando comigo.

Ela beijou minha testa e foi embora sorrindo. Exclamou, quando já estava saindo.

— Você é muito parecido com Vida!

Aí fui eu que comecei a rir. E, assim, fui devagar me levantando para viver, tinha agora um bom motivo. Quando não pudesse encontrar Vida, teria a companhia daquela que tinha muito para contar sobre ela. Fui até a janela, respirei fundo, escutei um barulho e fui até a serraria. José já tinha pego no trabalho.

— José, não faça todo o serviço, deixe para mim um pouquinho, ou você me quer na cama, como se já fosse um moribundo?

José se achegou e me deu um abraço.

— Filho, fiquei preocupado. A danada da febre não cedia. Pensei que tu fosses te juntar a Vida. Não queria que isso acontecesse contigo!

— Por um momento, José, era isso que eu queria, mas já pensou se minha Vida aqui terminasse e para onde eu fosse não a encontrasse? Ela me falou de vários caminhos. Toninha também me falou sobre isso, então é melhor eu me cuidar e deixar as coisas acontecer por si sós. Sabes a casa? Queria terminá-la o mais rápido possível. Terei comigo uma boa companhia, e isso me dá forças para continuar construindo. Mas preciso de um ajudante. Será que me indicarias alguém?

— Daniel, eu ia mesmo perguntar se querias ajuda, mas antes me fales quem é que vai morar contigo. Não me digas que estás variando, pensando ser Vida!

— Não, meu bom amigo. Toninha se ofereceu para morar comigo, assim não ficarei sozinho e terei alguém que cuide de mim.

— Mas ela, depois de tanto tempo, vai abandonar seus patrões? Desde que a conheço, é lá que vive. Tens certeza do que dizes?

— Ela mesma se ofereceu, depois que eu disse que queria que ela ficasse com a casa, porque não a queria mais, assim ela teria sua própria moradia. Pois eu pensava que sem Vida não fazia sentido viver naquela casa, mas agora é diferente. Vou tê-la como companhia, todas as noites e naquelas noites frias de inverno. Com ela formarei uma família. Ao ter alguém comigo que teve muito contato com Vida, será como se ela também completasse o elo da família.

O tempo passou rápido. Eu me dividia entre o trabalho, as tardes para esperar Vida e a construção da minha casinha até tarde da noite. José me ajudava nos fins de semana. Até Toninha ajudava. Ela nos levava alimentos, que colocava numa cesta. Tudo com muito carinho preparado.

CAPÍTULO 2

Assim o tempo foi passando...

Assim se passaram três anos. Na casa, eu já morava. Toninha, como me prometeu, foi morar comigo. Dedicou-se a cuidar de mim e da casa. Colocou umas cortinas floridas na janela e vasos com plantas por todo lado. A casa ficava num lugar aconchegante, era verde para todo lado. E, como se não bastasse, Toninha também enchia de verde nossa casa. Isso tudo eu partilhava com Vida. Agora a via esporadicamente, mas, quando por aqueles caminhos dos nossos encontros cavalgava, era como se estivesse com ela do meu lado. Às vezes, como sempre fazia, ficava horas a ler um livro, mas quando a tarde descia e eu sabia que ela não vinha, ia embora sem entristecer. Pois foi o que aceitei, contudo as noites eram reconfortantes. Construí a tal lareira e coloquei as duas poltronas. Ali, eu e Toninha ficávamos a conversar até o sono chegar. Aí ela se recolhia e eu ainda ficava ali a sonhar, vendo a madeira no fogo crepitar. Ampliei o retrato de Vida e o coloquei em cima da lareira. Todos os dias ali colocava uma flor. Era minha maneira de lhe dar boa-noite, e assim fomos vivendo. Na cidade, nada mudava. O pároco sempre apressado, mas sabendo de tudo, nada lhe escapava. De vez em quando, visitava os pais de Vida. Contava-lhes os acontecimentos e como estava levando minha vida. Era agradecido por eles terem permitido que Toninha morasse comigo. Se não fosse ela, não sei o que teria acontecido. Numa tarde de domingo, estávamos eu e Toninha na varanda a conversar, quando veio em nossa direção uma menina que estava a chorar. Levantei-me rápido, alguma coisa tinha acontecido! Como foi parar ali aquela menina? Parecia estar sozinha. Fui até ela, peguei-a pela mão e a levei até Toninha.

— O que aconteceu? — perguntou ela. — Como chegou até aqui sozinha?

— A moça do cavalo disse que aqui encontraria abrigo. Disse que vocês eram boas pessoas e iriam cuidar de mim.

— Como era a moça do cavalo? — perguntei já com o coração disparado.

— Era muito bonita, usava um chapéu, tinha cabelos compridos e os olhos pareciam como vidro — disse a menina.

— Foi Vida quem nos mandou a menina, mas por que ela o faria? — disse a Toninha.

Peguei a menina, a fiz sentar e pedi que me contasse tudinho. O que aconteceu para ela querer nossa ajuda? Onde estavam seus pais, que, com certeza, já estariam preocupados? A menina desandou a chorar dizendo não ter para onde ir. Sua mãe a abandonara, foi embora para longe; não a tinha levado por não ter dinheiro para isso. Deixou-a perto da cidade e mandou que procurasse o pároco na igreja. Ela tinha certeza de que ele encontraria um bom lugar para ela morar.

— Mas, quando ela me deixou, depois de um tempo, me afastei da cidade — disse a menina. — Queria ir ao seu encontro. Não queria morar com estranhos, e foi assim que encontrei a moça do cavalo.

A porta da sala estava aberta. A menina ficou ali parada e nos apontou.

— Foi aquela moça! A que está no retrato! Foi ela que me ensinou o caminho para que achasse sua casa.

Eu e Toninha nos olhamos e falamos no mesmo momento:

— Entre, que vamos cuidar de você. Se Vida a mandou, é para cuidarmos de você com muito amor.

Toninha preparou-lhe uma refeição. A menina estava esfomeada. Enquanto isso, preparei-lhe a cama, pois devia estar muito cansada. Depois de comer, foi logo dormir. Parecia um anjinho. Como pode tão pequena criatura ser abandonada? Como podem colocar no mundo e depois deixá-la no abandono, mandando se cuidar sozinha? Pois, se ela não encontrasse o padre, viveria nas ruas esmolando. Ficamos eu e Toninha a conversar sobre o que faríamos. Levaríamos o caso ao padre? Ou simplesmente a adotaríamos? Toninha, de pronto, respondeu:

— Se você permitir, cuidarei dela e, enquanto ela quiser, fará parte de nossa família.

E assim construí mais um quarto. Ele foi todo decorado para Alice. Era uma menina alegre, esperta. Deu novo brilho às nossas vidas. Depois disso, quando encontrei Vida, ela agradeceu por termos atendido a seu pedido.

— Ela só lhes trará alegria — disse ela. — E assim, Daniel, estás formando aquela família que tanto querias.

As tardes em que eu encontrava Vida eram maravilhosas, mas ficou sendo segredo de família. José contribuía para isso. Era assunto que, para ele, tinha morrido. Ele ficou encantado com Alice. Na cidade, todos a queriam conhecer. Disse-lhes que era parente afastada. Assim, não faziam muitas perguntas. Só o padre sabia o que tinha acontecido. Se, por acaso, sua mãe voltasse, onde Alice estava já se sabia. Ela tinha algo em comum com Vida. Adorava cavalos e cuidava das flores com o maior zelo. Alice contava sete anos e já tinha o abandono marcado em sua vida. De sua mãe nunca mais falou. Pai, irmãos, nada disso nos disse que tinha. E, como era uma história doída, dissemos que tudo esquecesse e começasse nova vida. Um dia, eu estava em casa a almoçar. Agora, antes de ir aos encontros, Toninha tinha me feito prometer que iria antes passar em casa. Escutei umas risadas e percebi que Alice não estava sozinha, com ela havia dois meninos, um mais ou menos do seu tamanho, o outro bem menorzinho.

— O que está acontecendo? — perguntei.

O menor se escondeu, como se tivesse ficado com medo.

— Eles estão perdidos — disse Alice. — Dizem que a mãe morreu e eles ficaram no mundo sozinhos. Então, quando eles estavam bebendo água no riacho, a mesma moça que encontrei ensinou a eles o caminho.

Chamei Toninha, que estava nas tarefas de casa, dizendo:

— Prepare mais comida, que Vida acabou de nos mandar mais dois hóspedes!

Toninha chegou apressada e se emocionou quando lhe narrei a história dos dois irmãos.

— Vamos, entrem — ela disse — vamos lavar as mãos, que um bom prato de sopa os espera.

Foi a primeira vez que os vi sorrir, e o pequenininho, agora já parecendo sem medo, deu a mão a Alice, como se esperasse que ela o fosse conduzir. Sentaram-se à mesa e tomaram a sopa com sofreguidão.

— Podemos morar aqui? — perguntou o mais velho.

— Podemos, sim — disse o mais novo, sem esperar. — A moça do chapéu disse que aqui teríamos uma nova família. Não é verdade, moço? — perguntou ele com muita graça.

E assim rimos todos, era uma linda tarde ensolarada! Fomos falar com o padre. Na opinião dele, se alguém os procurasse, saberia onde estavam e, com certeza, bem cuidados. Disse ele que mais tarde passaria na minha casa, queria conhecer os dois irmãozinhos. Despedi-me dizendo ter muita coisa para fazer. A família estava aumentando, e eu teria de dar conta. Fui até a casa dos meus sogros (era assim que eu considerava os pais de Vida). Tinha visto jogada no fundo da fazenda uma charrete, e eu tinha ideia para ela. Sempre que lá eu ia, era uma festa. Colocavam logo a mesa do café rápido para eu não ir embora. Sabiam que, assim, entabularíamos conversa. Contei-lhes que tinha aumentado a família. Que Vida tinha nos mandado mais dois pequeninos. Eles ficaram felizes e perguntaram se eu não precisava de ajuda. A despesa da casa aumentaria e o meu ganho não era muito. Agradeci dizendo que toda ajuda era bem-vinda. Aproveitei e perguntei se ainda queriam a charrete abandonada.

— Ela não presta para mais nada, meu filho — disse o pai de Vida — está ali jogada por não ter mais serventia.

— Posso consertá-la — disse. — Toninha vai precisar de um veículo para sair com tantas crianças.

— Podes levar, tomara que tenha conserto. Muito nos serviu, mas agora velha, quebrada, está ali a se acabar no tempo. Vou ajudá-lo a amarrá-la em seu cavalo. Com um pouco de esforço e trotando bem devagar, chegará a seu destino.

Agradeci ao pai de Vida pela força que estava me dando. Como minha vida mudou! Tinha amigos e uma família formada. Não esquecendo que ainda via Vida, mesmo que fosse por espaços longos, alternados. Mas, às vezes, nos vinham surpresas, como as crianças que ela nos mandava. Levei a charrete até a ferraria de José. Parecia que ia desmontar. Às vezes, tinha de parar para catar alguns pedaços que caíam na estrada. Quando José me viu, fez cara de espanto.

— O que pensas fazer com isso? Está acabada, não acho que tenha conserto!

— José — disse — tudo nesta vida tem conserto. Imagina se nós, que somos ferreiros, não daremos jeito numa simples charrete!

E lhe contei dos meninos e por que precisaria de consertá-la o mais rápido possível. José logo ficou entusiasmado. Disse que entre um serviço e outro, logo, logo ela estaria pronta. E uma semana depois, ela estava como se fosse nova. Só faltava forrar o assento, mas, para comprar material, o dinheiro era pouco. Fazendo uma busca em minha casa, achei um pedaço do que sobrou da cortina. Não queria perguntar nada a Toninha. Queria lhe fazer surpresa. Ficou uma maravilha! O estampado no banco deu alegria à charrete. Agora só faltava quem a puxasse. Meu cavalo não poderia ficar preso a esse serviço. Precisava dele todos os dias, quando ia ao encontro com Vida, mas, para minha surpresa, chegou o padre à ferraria puxando as rédeas de um burrico. Foi ele dizendo:

— Este animal foi doado à igreja, mas para você terá mais serventia. Terá de transportar as crianças quando vierem à escola ou à missa.

— Como o senhor sabia que eu precisaria do burrico?

— A mãe de Vida esteve na igreja e me falou da charrete. Andei espiando o conserto quando você não estava aqui. E tinha certeza de que estaria pronta hoje.

— Muito obrigado, padre! — exclamei beijando suas mãos — agradeço pelas crianças. E que o bom Deus lhe dê muita proteção!

Ele me entregou as rédeas e foi-se embora, emocionado. Como sempre, acenando com a mão e dizendo:

— Estou muito apressado, mas, se precisares de ajuda, sabes onde me encontrar.

Eu estava feliz como uma criança! Dei um forte abraço em José e fui atrelar o burrico na charrete. Ficou uma beleza! Toninha teria uma grande surpresa! Amarrei meu cavalo atrás da charrete e fui embora para casa, feliz, cantarolando. Quando as crianças me viram chegar, fizeram uma festa! Gritavam. Pai! Pai! É nossa?... É nossa?...Pai... Não consegui dizer uma palavra. Eles acabavam de me adotar, e eu estava emocionado. Toninha, com aquela barulheira toda, assistia a tudo na porta de casa. Enxugava com a ponta do avental as lágrimas que escorriam em seu rosto.

— Filho! Como conseguiu? Não temos dinheiro para isso. Como irá pagar? Seu custo deve ter sido alto.

— Lembra da charrete abandonada na fazenda dos pais de Vida? É essa!

— Não pode ser! — ela disse — aquela estava toda quebrada, fora abandonada por não poder ser mais usada.

— Venha perto, que lhe mostro uma coisa.

Mostrei-lhe, então, o assento florido igual às cortinas da casa. Toninha me abraçou sorrindo e disse:

— Você é especial, Daniel! Por isso, minha Vida por você, mesmo em espírito, se apaixonou.

Tirei o avental de Toninha, coloquei as crianças na charrete e fomos dar um longo passeio. Elas ficaram alvoroçadas. Cantavam, riam e, de vez em quando, uma delas vinha em meu pescoço e me abraçava. "Meu Deus! Obrigado por tudo isso!" pensava eu. Há pouco tempo eu queria desistir da vida, e a vida tem me proporcionado tão bons momentos que me entristeço quando penso nisso. A casa era uma alegria só. Meu pequenininho se chamava Pedro e o maior João. Formávamos uma linda família! Mas eu não sabia que não pararia aí. Certa manhã, ainda estava eu deitado. Era domingo e eu aproveitava para poder descansar um pouco, mas a casa já era toda movimento. Escutava as vozes das crianças e Toninha, às vezes, em resmungos lhes ensinando alguma coisa certa. Então, escutei alguém bater palmas e dizer:

— Ó de casa! — a voz parecia com a do padre. Levantei rápido e fui ver o que era. Minha turma lá fora já estava e, no meio deles, mais três crianças aumentavam a bagunça.

— Daniel, precisamos conversar! — foi logo dizendo o padre.

Pedi que entrasse em casa e indiquei-lhe uma cadeira para sentar.

Vida, minha vida 61

— Vou logo entrando no assunto — disse ele — sei que já tens três crianças para cuidar, mas esses três me apareceram na igreja dizendo que seus pais os abandonaram. Moravam nas imediações da cidade, mas, faltando-lhes o que comer, seu pai foi procurar trabalho em outra cidade e nunca mais conseguiram vê-lo. Sua mãe, desesperada, sem ter como mantê-los, achou melhor entregá-los para que não mais passassem fome. E, dizem as crianças, que ela foi embora à procura do marido. Não sei o que faço com elas. Será que sua moradia abrigaria mais três?

Chamei Toninha, que tinha ficado lá fora com as crianças. Fi-la sentar e perguntei:

— Toninha, será que nossa casa tem condições de abrigar mais três?

— Se até aqui elas chegaram... — ela respondeu — é porque aqui encontrarão um lar, e Deus não nos desamparará. Nos dará condições de cuidarmos deles todos! Fui até ela, dei-lhe um forte abraço, pois ficar com as crianças também dependia dela. Era ela que, na maior parte do tempo, tomava conta deles. Alice era uma alegria só. Foi logo ajeitando um lugar para as crianças, parecia uma mocinha. Até tomar conta da casa ela já sabia. Os três eram meninos, de idade escadinha. O pior é que eles vinham sem bagagem, e isso estava me pondo aflito. Fui dar a José as três novas notícias. Ele ficou a gargalhar.

— Não era isso que querias! — disse ele.

— Era, mas estou ficando preocupado. São muitas bocas a comer. Tenho medo de não dar conta e de não conseguir suprir tudo o que precisarem.

— Aproveita o espaço que tens nos arredores de tua casa e comece a plantar. Ensine os meninos com fazê-lo, e para eles será como se fosse brincar. E toda folga que eu tiver, lá estarei para te ajudar.

— José, você é um amigão! Sempre que te procuro com um problema, logo você tem a solução, mas ainda não lhe falei tudo. As crianças vieram sem nada. Nada têm para vestir, e nos pés nem um calçado.

— Vá para casa — disse ele — cuide deles e deixe o resto comigo. Minha esposa tem muitas amigas, e essas amigas têm muitos filhos.

Não fui para casa, fui ao encontro de Vida, talvez hoje a encontrasse. Devia saber dos meninos e, assim pensando, cheguei ao local do encontro. Fiquei ali sentado a pensar em como a família aumentara. Teria de aumentar a casa. Mais quartos teria de construir.

— Tudo vais conseguir! — escutei ela dizer.

Quando me virei, estava ela em seu cavalo, linda, sorridente.

— Estava a esperar — disse a ela — mas como sabes que conseguirei o que quero? Além de uma princesa, também és adivinha?

— Não sou nenhum dos dois, apenas alguém que confia na bondade, na força de vontade, na determinação de alguém que conheci um dia.

— Vida, estou preocupado, a família cresceu muito. O que ganho no meu trabalho não é o suficiente para abastecer a casa de alimentos. José me sugeriu plantação, mas isso leva um pouco de tempo, e a fome das crianças não espera.

— Daniel, não desanimes agora. Tudo vai dar certo. Terás tudo de que precisas na hora certa, e podes ir mais adiante com o que José sugeriu. Plante mais do que o necessário e ofereça na cidade, sempre vai haver quem compre.

— Eu a amo muito! — exclamei. — Preciso de você como do ar que respiro. Tendo você, cuidarei de todas as crianças do mundo!

— Sua bondade me cativa, Daniel! Graças ao meu bom Deus, me permitiram continuar a vê-lo. A nossa união transformou-se numa missão. Agora tenho de ir embora. Quando as crianças perguntarem por mim, diga que estou sempre viajando, mas nunca deixarei de fazer parte daquela casa.

Beijei-lhe as mãos e disse:

— Tem uma que parece com você. Não em aparência, mas no gosto pela natureza.

— Ela riu e foi embora. Era mais uma tarde como tantas outras que me dava ânimo para continuar vivendo. Cheguei em casa e já estavam todos deitados. Toninha, sentada perto da lareira, como sempre fazia, me esperava para conversarmos.

— Demorou a chegar... — disse ela.

— É porque hoje Vida apareceu e ficamos a falar sobre o que está acontecendo. Falei de minha preocupação em não poder lhes dar o que precisam. Tanto ela quanto José deram solução para isso. Sabes a continuação de nossa terra? Vou fazer um cercado, até chegar às bandas do arvoredo. Plantarei tudo que puder. Usaremos para nosso sustento e venderemos o restante, mas enquanto isso não dá frutos, estou preocupado, não sei o que faremos. Sei que você faz milagres na cozinha. És uma fada! Não sei como consegues multiplicar os alimentos.

— Daniel! Venha até a cozinha que lhe mostrarei uma coisa.

Pegou minha mão e me carregou até lá, e qual não foi minha surpresa! A despensa estava abastecida. Tinha alimentos de todo tipo.

— Como você conseguiu? Não tínhamos dinheiro para isso!

— Foi o padre quem trouxe, acompanhado dos pais de Vida. Eles ficaram aqui muito tempo e disseram que as crianças eram uma bênção em nossas vidas e eles os consideram como netos! Viriam sempre trazer suprimentos. Que você trabalhasse sem preocupações que nada faltaria a eles!

Comecei a chorar. Estava muito emocionado, minha preocupação acabara mais rápido do que eu pensava. Abracei minha boa Toninha, era um anjo em minha vida. Era mãe, companheira, amiga de todas as horas. Não saberia como fazer sem ela. Fomos nos recolher, pois logo amanheceria. Tinha muitas coisas a tratar. Teria de ver se conseguia vaga na escola para os meus filhos. O amanhecer era uma alegria, criança cantando, criança correndo, criança me chamando para ver o dia nascendo. Às vezes, eu reclamava:

— Esperem um pouco! Ainda é cedo, voltem para a cama e durmam mais um pouco.

Mas era inútil, eles eram, já cedo, todos energia. O jeito era levantar e começar logo a labuta. O cheirinho de café percorria toda a casa. As canequinhas na mesa indicavam o quanto a família aumentara. Fui até a janela e agradeci por tudo aquilo. Prometi que todos os domingos, bem cedo, os levaria para orar na igrejinha. Fui trabalhar animado! As crianças me enchiam de energia. Meu serviço não poderia ficar atrasado, pois meu pagamento dependia disso, e de minhas tardes livres nunca poderia abrir mão, era parte importante de minha vida. Cheguei à ferraria bem antes de José. Quando ele chegou, foi gritando:

— Estou precisando de ajuda! Será que o pai de muitos filhos teria um tempo para mim?

Pensei que ele estivesse brigando, mas me abraçou e deu um largo sorriso.

— Venha — disse ele — minha esposa conseguiu mais do que esperava. E me mostrou no canto da ferraria um monte de tralhas.

— Nossa! De onde saiu tudo isso? — perguntei.

— São coletas de minha esposa, espero que você faça bom proveito.

Fui mexer na pilha e vi que ali tinha de tudo: material escolar, roupas de todos os tamanhos, panela de barro e até um filtro de barro ela conseguiu. Pedi licença a José, queria já levar tudo para Toninha. Os três meninos que chegaram nem roupa para trocar tinham. Toninha improvisou alguma coisa, pegando o que de nossos dois outros filhos já havia lá em casa, mas era coisa pouca e ficava difícil dividir entre os cinco. A menina já chegou com sua trouxinha. Fiz um embrulho de tudo, aproveitando uns lençóis que tinham doado, e coloquei uma trouxa de cada lado do cavalo. Fui para casa e, quando entreguei tudo a eles, foi uma festa! Parecia até que eram embrulhos de presente. Dei um abraço em Toninha, nem precisei falar nada, nossos olhos conversavam, substituindo palavras. Voltei ao trabalho, não poderia abusar da boa vontade de José. Dependia de nossos serviços o ganho no final do mês. Tudo estava correndo melhor que eu esperava. Agora era conseguir as sementes para começar a fazer o roçado. No domingo, comecei a preparar a terra. Fiz uma enxadinha para cada criança, mas elas se distraíam em fazer buracos, morros com passagem e até castelos, que diziam que era para Alice morar. Tudo em meio a muita alegria! Como tanta alegria podia ter sido abandonada? Se quem cuidava deles os tivesse acompanhado, com certeza também teria sua morada. Mas agora eram meus filhos e eu estava orgulhoso disso, e mais ânimo tinha para afofar a terra para conseguir o que me propunha. Estava trabalhando distraído, às vezes alguma criança pedia minha atenção, e de pronto eu largava tudo. Queria ser um pai constante. Quando chegou o padre com vários acompanhantes, foi logo dizendo:

— Daniel, trouxe-lhe ajuda. Eles trouxeram sementes e adubo.

— Como o senhor sabia o que eu estava fazendo?

— Aqui na cidade, mesmo que seja nos arredores, vai tudo parar nos meus ouvidos. Acho que são notícias por Deus endereçadas para eu poder trazer a ajuda precisa.

Todos começaram a rir, o pároco era uma boa pessoa. Tanto tem me ajudado e, no princípio, quando cheguei à cidade, pensava que ele não se importava muito com minha pessoa. Mas não devemos julgar ninguém, a vida nos surpreende. Trabalhamos até tarde. Toninha providenciou um almoço e colocamos fora de casa uma imensa tábua que nos serviu de mesa. O padre fez a refeição conosco, pois ele tinha ficado e ensinava as primeiras orações às crianças. Eu era um sujeito afortunado. A vida estava me dando mais do que merecia. Enquanto comíamos, entabulávamos conversa. Um dos homens, que parecia ser o mais velho de todos, disse:

— Daniel, desculpe minha intromissão, mas, com tantas crianças, não é melhor ampliar sua casa?

— Bem que gostaria — respondi — mas o que ganho é pouco e, no momento, não posso comprar material para isso.

— Padre — disse ele — não poderíamos fazer uma quermesse? As mulheres se encarregariam das comilanças e nós faríamos o refresco, e alguns trabalhos artesanais também poderiam ser vendidos. Acho que daria para arrecadar um pouco para a igreja e para ampliar a casinha de Daniel.

— Ótima ideia! — exclamou o padre. — Estou mesmo precisando de repor uns trocados no cofre e Daniel precisa de mais espaço para os seus filhos.

E assim ficou marcado que dali a dois domingos haveria a festa na igrejinha. Na próxima missa, ele convocaria seus fiéis. Era para fins justíssimos a tal quermesse. Estávamos todos cansados. Tinha sido um dia atarefado, mas com bons frutos a ter. Toninha deu banho nas crianças, alimentou-as e colocou-as para dormir. Então chegava aquela hora em que ficávamos um ao lado do outro, em frente à lareira, com o retrato de Vida, como se estivesse também participando da conversa. Toninha estava cansada, mas feliz! O dia tinha sido proveitoso. As crianças já se adaptando umas às outras e Alice tomando conta de tudo. Ela era maravilhosa, parecia ter mais idade do que disse que tinha. Trazia o quartinho organizado e ainda tomava conta dos pequeninos. João era o mais arteiro, mas ao mesmo tempo nos cativava pelo sorriso sincero.

— Daniel — disse Toninha — amanhã cedo vou com você à cidade ver escola para os meninos. Enquanto você trabalha, vou vendo se arranjo escola e, se conseguir algo, chamo-o na ferraria para você matriculá-los. Já estamos no meio do ano, não sei se vão aceitá-los, até porque não temos documentos para isso.

— Meu Deus! — exclamou Daniel. — Não tinha pensado nisso! Pensei que ser pai era só tomar conta das crianças. Estava esquecendo da educação em escola, mas, se não os aceitarem por falta de documentos, irei falar com o pároco.

— Também tem as caminhas… — disse Toninha. — Estão a dormir, um para cada lado, mas, se tiverem um sono mais pesado, com um simples esbarrão, com certeza, amanhecerão no chão. As camas são poucas. Precisamos dar um jeito de arrumar outras tantas.

— Vai ser difícil — disse — mas não é impossível. Falarei amanhã com José e, de repente, nós mesmos, com a madeira que há no antigo quartinho que eu dormia, aos poucos, devagarinho, entre um serviço e outro, poderemos fazer. Sabe, Toninha, essas crianças são a razão de minha vida. Foram chegando aos poucos e, devagarinho, tomando conta de tudo, mas agradeço todos os dias por ter você ao meu lado. Sem você, com certeza, eu não conseguiria.

Toninha enxugou os olhos, emocionada. Eu sabia do sentimento dela por mim, e esses momentos, com nós dois ali sentados, me davam a chance de lhe mostrar o que sentia. Ela levantou e, me abraçando, disse:

— Venha, vamos descansar. As crianças acordam com as galinhas. Aí, então, ninguém consegue mais dormir nesta casa.

E assim, rindo os dois, fomos nos recolher. Agradecidos por mais um dia exaustivo. Acordei cedo, arrumei a charrete e aprontei tudo para Toninha ir comigo à cidade. Dentro da casa era uma farra. Parecia uma festa, mas era só eles se arrumando para irem até a cidade. Acomodei-os um a um. João sempre queria ir na frente, falava que sabia de tudo e a charrete guiaria. Aí começava a confusão. Todos queriam ter o mesmo direito, mas Toninha era sábia e dizia que aquela charrete com banco florido só ela guiava. Conseguimos, com a ajuda do padre, colocar as crianças na escola. Primeiro eles dificultaram, pois não tínhamos documentos, mas o padre se responsabilizara e sua palavra era mais que uma certidão de nascimento.

Então ele propôs que no dia da quermesse batizasse todos eles. No entanto, se pensávamos que aqueles eram todos que tínhamos, estávamos muito enganados, pois mais crianças chegariam. Nós, que já tínhamos seis e pensávamos já ser um bom número, não sabíamos que naquela tarde aumentaríamos a família. Chegou uma senhora carregando três crianças. Uma trazia no colo, essa ainda nem desmamara. Disse que, quando acordara, escutara um choro em sua porta. Pensou que fosse até um animal, mas depois escutou outras vozes. Ela chegou à janela e deparou com aquele quadro. Duas menininhas estavam atrapalhadas tomando conta de uma terceira. Abriu a porta e as mandou entrar. Perguntou se tinham se perdido e onde estavam seus pais. Disseram que moravam longe. Caminharam a noite toda. Sua mãe tinha morrido depois de dar à luz a terceira menina. O pai ainda tentou cuidar deles, mas era difícil, pois saía muito cedo para trabalhar. Não tinha quem lhes fizesse comida e, da pequenina, era ainda mais difícil cuidar. Ele, então, as levou até aquela casa e foi embora, dizendo que um dia voltaria, mas agora outra pessoa iria cuidar deles.

— Eu fiquei apavorada. Estou velha. Vivo minha vida isolada. Estou doente. Com certeza, não poderei criá-los, mas escutei falar que vocês aceitam crianças. Se puderem ficar com elas, eu prometo que todos os dias virei e darei a ajuda que for preciso.

Olhei para Toninha como se perguntasse: E agora? Como poderíamos negar ajuda, mas como criaríamos mais três crianças?

Toninha, como resposta, foi logo pegando a pequenininha, acalentando-a em seus braços e carregando-a para dentro da casa.

— Entre — disse — nós ficaremos com elas e agradecemos a ajuda. Quando a senhora puder, venha, as portas estão sempre abertas.

Agora eram nove crianças. Alice não cabia em si de contentamento. Agora não seria a única menina da casa. Toninha as alimentou e as próprias crianças se encarregaram de alojá-los. Quando a senhora foi embora, disse a Toninha:

— Agora a escadinha está completa. Temos um bebê e vamos brindar a Deus este acontecimento.

A notícia correu depressa, logo estava o padre em minha casa. Queria conhecer as crianças e saber se já tinham sido batizadas. Como as crianças não tinham documento e de batizado nunca tinham ouvido falar, o padre foi logo dizendo:

— Temos mais três a acrescentar.

E, como veio, foi embora, com a mão acenando e dizendo:

— Daniel, não se preocupe. Acomode-as, que nós o ajudaremos.

Nessa tarde fui até o local de encontro. Estava com saudades de Vida, tinha tanto para lhe contar. Fiquei sentado a ler, encostado na árvore, quando a escutei me chamar.

— Daniel! Venha até o riacho, e então irás me encontrar.

Peguei meu cavalo e fui a galope. Quando lá cheguei, encontrei Vida sentada rodeada de flores, parecia uma miragem. Corri ao seu encontro, abracei-a confessando que estava morrendo de saudades.

— Não morra por tão pouco. Agora tens nove bocas que precisam de alimento. E você é o guardião. Todas elas agora dependem de você.

— Vida, queria tanto lhe encontra-lá! Preciso tanto de sua ajuda. Preciso da certeza de poder criar esses filhos mandados por Deus.

— Lembras de um tempo atrás que falaste em construir uma família? Deus te deu uma mãozinha, lhe mandando as criancinhas.

E assim falando começou a rir. Ela era maravilhosa e eu perdidamente apaixonado!

— Você leva tudo na brincadeira. Eu estou preocupado de fato. Pensei em ter no máximo dois filhos, mas nove! Não sei se serei capaz. Sou um simples ajudante de ferreiro, como vou dar sustento a essa grande família?

— Esqueceu de domingo? Não ficaste só. Lembre: você tem muitos amigos. Tenho certeza de que te ajudarão no que for preciso. A começar pela quermesse.

— Como sabes? Ah! Às vezes esqueço que você é só espírito.

Vida deu um pulo, e então eu senti que a tinha magoado. Ela sabia disso, eu não precisava ter mencionado. Abracei-a pedindo desculpas, amava-a demais e não podia, naqueles poucos encontros, dizer algo que pudesse nos separar. E, assim, logo chegou a primavera. Depois daquele encontro, fiquei um bom tempo sem encontrar Vida, mas sua foto em cima da lareira me dava certeza de que iria de novo encontrá-la. O plantio dera certo. Dali saía boa parte da alimentação das crianças. Agora, quando eu ia para o trabalho, levava as maiores comigo. Deixava-as no colégio e acertava minha hora de almoço com a saída delas do colégio. A quermesse foi um sucesso. Deu para comprar as camas e construir mais quartos. Os pais de Vida sempre nos visitavam, sempre abastecendo a despensa. Todos foram batizados. Convidei José e sua esposa para serem os padrinhos. Pedi que batizassem todos eles, excluindo a menorzinha. Essa foi apadrinhada por meus sogros e, certamente, batizada com o nome de Vida. Foi uma linda cerimônia. Depois almoçamos na fazenda, onde as crianças descansaram um pouco, pois logo voltaríamos para a cidade para participar da quermesse. Tudo ia correndo tranquilo. Meu bebê, a quem chamávamos de Vida, já começava com suas primeiras gracinhas. Aos poucos, fomos decorando os quartos, separando meninos e meninas. E, para nossa surpresa, um dia os pais de Vida trouxeram toda a mobília e tudo o que fazia parte do quarto de Vida. Fiquei emocionado.

— Como? — perguntei à mãe de Vida. — A senhora disse que nunca mexeria em suas coisas... não entendo, agora a senhora trouxe tudo para as crianças!

— As crianças estavam precisando — disse ela — e tenho absoluta certeza de que estou fazendo o que Vida gostaria.

Alice não cabia em si de tanta alegria. Ajudava Toninha a decorar o quarto rosa e, por incrível que pareça, mesmo não tendo a pintura na parede, parecia o quarto de Vida. As coisas foram acontecendo, e eu agradecia a Deus todos os dias. Eu ia sempre ao encontro de Vida, mas ela não aparecia, e eu voltava desanimado. Entretanto, quando chegava em casa, as crianças me envolviam tanto que não tinha mais tempo para ficar triste. Eu aproveitava para pensar em minha vida quando estava a esperar Vida. Pensava no dia em que cheguei sozinho procurando emprego, sem uma situação definida. Depois do encontro com aquela bela amazona, minha vida virou um turbilhão de acontecimentos: me apaixonei, fiquei perdido em meio a perguntas, conheci José, que mais que meu patrão, era meu amigo, e agora também compadre. Tinha a ama de Vida comigo. Um lar com várias crianças e estava apaixonado por alguém que só eu via, mas que não era imaginação. Era uma felicidade doída, mas que me dava forças para continuar criando meus filhos. Um dia, estava eu sentado na relva a esperá-la. Comecei a delinear sua imagem na relva como se estivesse contornando seu retrato. Minha mão não parava, e naquele momento eu queria ter mais que a relva, queria um papel para poder retratá-la. No dia seguinte, quando saí do trabalho, fui até a fazenda dos pais de Vida. Queria ver se me emprestavam o material de pintura de Vida. Eu nem sabia o que iria fazer com ele, mas uma sensação estranha me empurrava como se tivesse necessidade disso. Eles prontamente me atenderam. Perguntaram se fora ela que tinha pedido. E, sem querer, me vi respondendo que sim. Não sabia por que estava mentindo. No dia seguinte, lá estava eu no mesmo lugar. Só que dessa vez levei toda a parafernália. Coloquei tudo em ordem, a tela sobre o cavalete e fiquei a olhar tudo, sem saber o que fazer. Então me sentei na relva e fiquei a pensar para que tinha trazido tudo aquilo, se não sabia pintar. Aí senti as mãos em meu cabelo e levantei assustado.

— Vida! Como chegou? Não escutei o cavalgar.

— Você estava disperso. Nem uma cavalaria o desviaria dos seus pensamentos.

— Não se espante. Trouxe todo o material de sua casa. Lógico que deve reconhecê-lo, mas só pedi emprestado. Na verdade, depois que o trouxe, não sei o que fazer com tudo isso. Vida pegou minha mão e me levou para perto da tela.

— Sinta — disse ela. — Faça os contornos com sua mão. Os mesmos contornos que fez na relva.

— Mas o fiz sem sentir — respondi. — Estava distraído e minha mão começou a se mexer sozinha. Podes até não acreditar, mas não tinha controle sobre ela. Vida pegou minha mão, colocou um pincel em que já tinha colocado tinta e começou junto comigo a delinear algumas figuras. Eu estava anestesiado.

Não sentia a mão dela. A minha corria sobre a tela e figuras iam surgindo. Quando parei, fiquei surpreendido. Tinha desenhado as crianças e, por detrás delas, o retrato de Vida.

— Como consegui? — perguntei. — Não fui eu... foi você!

— Daniel, não conte, por enquanto, a ninguém, mas prometa: mesmo que eu aqui não esteja, vais fazer como lhe ensinei.

Eu estava perturbado. Era lindo o que estava retratado.

— O que faço com esta tela? — perguntei.

— Leve-a para casa. Toninha a guardará até o momento preciso. A ela podes contar, é nossa confidente. Agora preciso ir, fiquei mais tempo do que podia. E me abraçando fortemente foi ela embora tão rápido como tinha vindo. Depois daquele dia, após deixar as crianças em casa, para lá eu corria. Ficava ansioso. Todos os dias eu fazia uma nova tela. Era o campo com toda aquela paisagem. Era a cidade com a igrejinha. Era Alice com Vida no colo e Toninha com seu avental em pé à porta de casa. Eu fechava os olhos e via a imagem do que seria retratado. Minha mão deslizava sobre a tela, eu não tinha controle sobre ela. Tudo era muito rápido. Depois que acabava, ficava impressionado. Conversando com Toninha, ela disse que pareciam as telas que Vida pintava. Às vezes, quando estava a pintar, sentia que Vida chegava. Sentia sua mão pousar em cima da minha. Quando já tinha muitas telas prontas, Vida surgiu.

— Mostre a José e ao padre e peça ajuda para vendê-las.

— Não vai dar certo — disse. — Quem vai querer comprar um quadro pintado por um ferreiro?

— Tenha mais determinação, Daniel! E lembre-se do todo já conseguido.

— Tens razão — respondi — às vezes penso que não te mereço. Fraquejo e não sei o que seria se você não estivesse aqui. Vou logo agora fazer o que você falou. Vou aproveitar que as crianças já devem estar recolhidas, e isso me dará tempo de procurar José e o padre, mas antes tenho de passar em casa e pedir a Toninha os quadros.

Vida me abraçou, dizendo:

— Tenho certeza de que vais conseguir, mas essa certeza também tem de estar com você, ou, então, tudo estará perdido.

E, assim, fiz o que ela mandou. Já eram dez as telas pintadas. Peguei-as, fiz o embrulho e fui até a cidade. Primeiro fui à casa de José. Quando me viu chegar, foi logo perguntando:

— Quantas chegaram agora? — Não me diga que chegaram mais crianças?

— Não, José! Hoje vim por outro motivo. Se me der licença de entrar em sua casa, lhe mostrarei o que estou fazendo.

José ficou encantado com as telas. De pronto disse que ficaria com duas. Queria que eu botasse o preço. Disso, eu tinha esquecido. Não sabia quanto pedir. Então disse a ele que me desse quanto achasse que valia. José pegou o correspondente ao pagamento de um mês. E entregou-me, dizendo:

— Sei que vale mais do que isso, mas é só o que posso pagar no momento. Fiquei com o dinheiro em minha mão. Nem fiz gesto de guardá-lo.

— José! — disse — você está com pena de mim. Deu-me o correspondente ao meu ordenado.

— Vale mais do que isso, Daniel! São lindos! Vou colocá-los na sala e você verá o efeito que fará no ambiente.

Agradeci e fui até a igreja. Ainda tinha oito telas. As pessoas estavam saindo da igreja. Tinha acabado a missa. Fui até o padre.

Assim que me viu, perguntou:

— Aconteceu alguma coisa às crianças? Você nunca veio à cidade a essa hora.

— Vim lhe mostrar o que ando fazendo, quando passeio pelo campo. O senhor sabe que fico as tardes passeando ou lendo, como se estivesse recolhido.

— Todos na cidade comentam que, às vezes, você parece um eremita. Já passaram ao largo onde você fica e o viram disperso em seus pensamentos.

— Pois é — disse ele — mas agora é diferente, comecei a me ocupar e gostaria que o senhor me ajudasse a vendê-los.

E, assim dizendo, fui lhe mostrando as telas. O padre, tal qual José, ficou impressionado. Perguntou de cada uma o preço. E me afirmou que venderia todas.

— Não coloquei preço em nenhuma. José me pagou por duas telas o que falou que seria justo. Então, por favor, faça do mesmo jeito. Deixe que avalie quem quiser comprar. Confio na honestidade das pessoas desta cidade.

— Deixe comigo — disse o padre — amanhã certamente lhe darei a resposta do bem-sucedido.

Agradeci a ele dizendo ter de ir embora. Com certeza, Toninha estava me esperando. Nunca falhávamos de conversar diante da lareira. Cheguei em casa cansado. Tinha sido um dia exaustivo, mas foi compensador. Pensei nisso quando encontrei o dinheiro pago por José em meu bolso. Toninha me esperava na porta de casa. Disse estar preocupada, pois havia demorado demais. Mostrei a ela o dinheiro, contei da venda dos dois quadros e que o padre tinha ficado com os outros para vender.

— Filho, tinha certeza que irias conseguir. Quem olha aquelas telas sente todo o amor que há em você. Vida deve estar radiante de felicidade, porque o que ela queria você conseguiu. Ela adorava pintar. Ficava horas trancada em seu quarto, pintando as paredes, como você mesmo viu. Pintou alguns quadros. Aqueles que estão emoldurados enfeitando a sala de jantar da casa da fazenda.

— Sabe, Toninha, nunca pintei nada em minha vida. É misterioso como minha mão corre sobre a tela. É um momento mágico, nem sei como lhe explicar. Faço tudo de olhos fechados. É como se estivesse anestesiado. E, quando desperto, a tela já está pronta. São figuras para todo lado. O que sinto também nesse momento é a presença de Vida, mesmo ela estando ausente. Agora me fale das crianças. Como passaram o dia? Eu sinto não poder lhes dar mais atenção, mas não posso me afastar de Vida. E, se não for as tardes para encontrá-la, pensarei que está me esperando e fico com o coração apertado. Agora, é melhor nos recolhermos. Já se fez tarde e as crianças acordam cedo. — Na manhã seguinte, acordei com o corpo todo doído, quase não podia me mexer. Depois é que fui me dar conta de que não estava sozinho na cama, Pedro tinha ido dormir comigo. Eu, como estava muito cansado, nem percebi. Aí, vendo aquele corpinho aninhado, reconheci o quanto precisava de mim. E ali fiz a promessa de que quantos viessem iguais a ele por mim seriam adotados. Adotados de coração, como se quem tivesse dado à luz tivesse sido eu. Eram meus filhos. E eu os amava muito. Saí da cama devagarinho, tentando não acordá-lo, mas, quando sentiu que eu me levantava, meio tonto ainda de sono, grudou em meu pescoço dizendo:

— Pai, pensei que tivesse ido embora.

Encostei-o em meu peito. As lágrimas desciam em meu rosto. Jurei que nunca o deixaria e senti que ainda tinha no peito a dor do abandono. Fui trabalhar mais animado. Vida tinha razão. Nos quadros, estaria o sustento das crianças. Fiquei a fazer planos. O que faria com o dinheiro? Eram tantas as necessidades, que só Toninha para me orientar. José, que era normalmente calado, ficou o tempo todo falando sobre as telas. Mandaria emoldurá-las e depois me mostraria o efeito. Eu estava ansioso para o dia passar. Pegaria as crianças na escola e iria encontrar Vida. A espera por ela agora era diferente. Ficava absorto pintando e sentindo sua presença. Uma nuvem escura pairou na minha mente. E se não conseguisse mais pintar? E se Vida não mais aparecesse? Quando assim pensava, logo ficava amuado, com o coração parecendo explodir no peito. José percebeu que fiquei calado, perguntou qual era minha preocupação. Se tinha alguma criança doente, ou se eu estava precisando de alguma coisa.

— Fico preocupado, agora muitos dependem de mim. Não sei se vou corresponder à altura. Não sei o que eles esperam de mim. Às vezes, temo não ser o pai que precisam. Meu tempo é pouco para dar atenção a eles. Esta manhã, Pedro amanheceu aninhado comigo.

— Daniel, pense diferente e você vai ficar melhor. Onde estariam agora essas crianças se não fossem buscar abrigo em sua casa? Estariam perdidas no mundo. Sem acreditar em mais nada. Pois já pequeninos conheceram o abandono. Foi como se os tivessem posto numa balsa e os largado no mar. Em sua casa, eles têm a segurança de terra firme. O carinho de Toninha e o seu vão apagar da memória o que sofreram já pequenininhos. Não precisas ficar mais aqui do que o necessário. Assim que acabar o serviço do dia, faço questão de que vá ter com as crianças em casa. Dê o seu passeio de sempre, faça as suas pinturas e não se preocupe em voltar. Eu fecho o estabelecimento.

Agradeci a José, emocionado. Eu não estava bem, sentia uma forte angústia no peito. Acabei o serviço, peguei as crianças na escola e fomos para casa. Elas não paravam de falar. Contaram como tinha sido o dia na escola e como estavam ansiosas para chegar em casa. Começaram a cantar e, assim, foram dissipando minha angústia. Agradecia a Deus por tê-los posto em meu caminho. Não poderia viver sem nenhuma delas. Toninha já nos esperava com a mesa posta. Os pequeninos já tinham almoçado e estavam brincando. A casa toda organizada. Toninha fazia milagres. Contei-lhe que não precisava mais voltar ao trabalho. Iria ver Vida e depois voltaria e trataria do cultivo da horta. Quando estávamos no meio do almoço, nos chegou uma voz bem conhecida.

— Ó de casa...

Toninha logo se levantou-se e foi atendê-lo. Era o pároco. Tinha chegado em boa hora. Toninha foi colocando mais um prato à mesa sem dar importância à sua negação.

— Não posso comer muito! — disse ele. — Um padre tem de andar muito. E, se muito comer, fica sem disposição.

Todos rimos e continuamos nossa refeição.

— Que bons ventos o trazem? — perguntei. — Já estava ficando com saudade, depois que fui lhe procurar na igreja, não o vi mais.

— Eu estava numa missão importante — disse ele — fui aos arredores da cidade visitar uns fazendeiros que pouco vão à paróquia. Fui mostrar a eles umas telas feitas com muito bom gosto, e eles ficaram impressionados. Não só impressionados, como pagaram por elas um justíssimo valor. Depois que acabarmos de almoçar, temos muito o que conversar.

Fiquei ansioso para saber se foram todas vendidas, mas o padre, ali à tarde, significava que não poderia ir ao encontro de Vida. Toninha, assim que acabamos, nos serviu um cafezinho, e o padre começou a falar:

— Tenho várias encomendas para você. Vendi todos os quadros. E por cada um mais do que José lhe pagou.

E assim dizendo me estendeu um bolo de dinheiro. Por um momento fiquei estático. Depois peguei-o e fui contando. Para mim, era uma pequena fortuna. Separei do bolo algumas notas, entreguei ao padre, dizendo:

— É para obra da igreja. Se não fosse o senhor, as telas ainda estariam comigo.

— Isso não! — respondeu ele. — Você foi me procurar, do contrário como poderia vendê-las? O êxito é todo seu, estou satisfeito com o conseguido. Agora tenho de ir embora. Já deixei minha paróquia muito tempo abandonada.

Entregou-me o papel com as encomendas, abençoou as crianças e foi embora. Era uma boa pessoa esse padre. Quando cheguei à cidade e conheci Vida, nunca conseguia encontrá-lo, ou, se o encontrava, estava sempre de saída. Nunca me dava atenção. Agora era ele que me procurava. Como as situações mudam. Fiquei pensativo. Só depois de muito tempo fui ler o papel. Levei um susto! Tinha encomenda de trinta telas e o endereço de para onde levá-las quando estivessem prontas. Mostrei a Toninha e, abraçados, comemoramos o acontecimento. As crianças, nos vendo assim, correram todas para nos abraçar, e assim todos unidos

Vida, minha vida 81

formávamos uma forte corrente de amor naquele lar. Algumas peças eu já tinha prontas. Com certeza, em um mês, todas estariam entregues. Entreguei o dinheiro a Toninha para que ela guardasse. Pedi que fosse juntando e usasse o que precisasse. Fui até a lareira e fiquei olhando o retrato de Vida.

— Sabes — disse para ela — tudo aconteceu conforme previste. Não pude hoje ir ao seu encontro, mas amanhã, com certeza, encontrarei-me contigo.

Coloquei um beijo em meus dedos e o depositei em seu rosto. Quando me virei, estava Toninha chorando, com as crianças agarradas em sua saia. Abracei-a, sabia que ela tinha saudades. Vida foi para ela a filha que não teve. E tê-la perdido foi uma consumição de tristeza.

— Vamos — disse para ela — vamos lá fora que temos muita coisa para fazer. Vou colher o que quiseres e as crianças vão recolhendo com os cestos.

Então eu me dei conta do que não tinha percebido. Estava tão envolvido com quadros, que esqueci o todo que fora plantado.

— Toninha! Como cresceu! É muito mais que precisamos, mas, se não colhermos, vão estragar e não terá valido a pena tanto esforço.

Para as crianças era uma festa. Alice brigava com os pequenos, que faziam guerra de terra e ficavam cheiros dela até nos cabelos. Fomos recolhendo tudo e havia uma grande quantidade. Pedi a Toninha que separasse o que precisava, e o resto coloquei com João na charrete e levei tudo para a cidade. João parecia um rapazinho. Incumbia-se das tarefas como se fosse um adulto. Quando chegara, era muito levado, mas aos poucos viu que não precisava chamar a atenção para ter o que precisava e foi se acalmando.

Às vezes queria ir comigo para o trabalho em vez de ir à escola. Era difícil convencê-lo de que mais tarde precisaria dos estudos, mas lhe prometi que, quando não tivesse aula, lhe ensinaria o ofício de ferreiro. E assim fomos levando nossa vida.

Sempre que encontrava Vida, ela me falava das crianças. Era para ser o contrário, mas ela contava as gracinhas da nossa Vida e como era esperta e gentil nossa filha mais velha. Era assim que ela a eles se referia. Continuei a pintar muitos quadros. Agora já os emoldurava, contando com a ajuda de José. Coloquei um enfeitando minha casa e, quando o olhava, achava graça. Como podia ter sido eu a retratar o que estava na tela? Mas sabia que quem o fazia, na verdade, era a força e a intuição que o espírito de Vida me dava.

Um dia estava eu trabalhando, quando chegou o pároco, acompanhado de um homem bem vestido. Chegou, nos cumprimentamos e ele me apresentou dizendo:

— Este é o artista!

— Artista, eu? Sou um simples ferreiro que coloca na tela com tinta e pincéis as emoções que está vivendo.

— Vi seus quadros — ele disse — não são pinturas de principiante. Há muito que não vejo obras tão perfeitas. Parecem feitas por um grande mestre. Queria que você me mostrasse outros trabalhos. E tenho uma proposta a lhe fazer.

Convidei-o a ir a minha casa, lá conversaríamos sossegados e poderia lhe mostrar outras telas. Chegando em casa, percebi que o sossego não seria tanto. As crianças estavam em prantos por algo acontecido. Entrei rapidamente em casa. Toninha estava assustada, com Vida no colo, que chorava sem parar. Os menores também, assustados, agarravam em sua saia, querendo ganhar colo. Peguei Vida no colo e a senti ardente, estava com muita febre. Devia estar com uns 40 graus. Fiquei aflito. Pedi desculpas ao meu visitante, pois teria de atrelar a charrete para levar a menina no médico. Ele prontamente se ofereceu em ajuda. Disse que me acompanharia e seguraria a criança, enquanto eu guiasse. Toninha tinha de ficar com as outras crianças, que estavam assustadas. Alice era a mais compenetrada e disse:

— Pai, volte logo e traga Vida curada. Eu tomarei conta da casa e Toninha pode descansar um pouco, indo deitar com os pequenos.

Dei-lhe um beijo e agradeci.

— És uma boa menina, cuide de tudo que logo estarei de volta.

João, com ciúmes, ficou me olhando afastado. A diferença de idade entre eles era só de um ano, mas em amadurecimento muito mais. Ele ainda, às vezes, era um levado meninote, e Alice uma mocinha que cresceu antes do tempo. A dor amadurece por meio do sofrimento. A marca que lhe foi deixada pelo abandono dificilmente seria apagada. Chamei João e pedi que ajudasse Alice. Disse que estava contando com eles, que ajudassem Toninha a tomar conta de tudo. João logo mudou de expressão, seu rostinho se iluminou. Ficaram os dois acenando, enquanto nos dirigíamos à cidade. Fomos apressados à casa do médico. Eu estava preocupado, nunca as crianças tinham adoecido. Meu companheiro de assento viajou o tempo todo calado. Também estava preocupado. Vida era pequenina, e suas bochechas estavam rosadas de tanta febre. Fiquei temeroso pensando na febre que quase me levou e a que tirou de seus entes queridos a doce Vida. Graças a Deus, o encontramos em casa. Foi logo a examinando e dando o resultado.

— É sarampo — disse ele. — Terei de ver as outras crianças e pô-las todas em quarentena.

— Quarentena? — perguntei. — É tão grave assim?

— Dizem — disse ele — que sarampo é doença de criança, mas eu trato com cuidado, como se fosse uma grave doença. Sarampo tem suas preocupações. É necessário ter cuidado com as vistas e a garganta. Vou ministrar-lhe um remédio e seguirei até sua casa fazer o mesmo com as outras crianças. Ficamos com ele duas horas, a febre abaixava e subia, agora já tinha um tempo que ali estávamos. Não sabíamos se Vida chorava de fome ou pela doença. Fomos para casa levando o médico conosco. Meu novo amigo ficara esquecido até por mim. Pedi desculpa pelo transtorno, dizendo que outro dia conversaríamos. Agora minha preocupação era com as crianças; cuidar delas era prioridade. Cheguei em casa, Toninha foi logo alimentando Vida. O médico falou a ela do diagnóstico e a maneira como teria de cuidar das outras crianças. Com certeza, teriam a doença também. Toninha me acalmou, dizendo:

— Todas as crianças têm sarampo. Eu não percebi o que era, e olha que tratei de Vida sozinha.

Fiquei mais descansado e fui cuidar das outras crianças. Verifiquei se tinham manchas ou se estavam febris. E, nesse corre-corre, até me esqueci do moço, que acabou ficando na cidade, pois eu voltara para casa com o médico. Quando ele acabou de examinar as crianças e dar as recomendações, levei-o de volta para casa.

Fui dispensado por José do serviço. Aquela semana foi atribulada! Tinha criança choramingando para todo lado. Só João e Alice não pegaram a doença, mas parecia que eu tinha usado tinta para pintar os corpos dos outros sete. Sobre os dois mais velhos, conversando com Toninha, nos pareceu que já podiam ter tido a doença. Nada sabíamos sobre eles. E os muito pequenos era difícil lembrarem de alguma coisa.

A semana toda não pude ir ao encontro de Vida. Também nas telas não pude pegar. Eram muitas crianças e só Toninha a cuidar delas. Aquela senhora que se ofereceu para, de tempos em tempos, ajudar um pouco nunca aparecera, mas teria, com certeza, seus motivos. Era adoentada e eu, às vezes, me culpava por não ter pego o endereço de sua casa e ter ido visitá-la, para ver se precisava de alguma coisa.

Voltei ao trabalho. As coisas em casa já estavam melhores, mas elas não podiam ir à escola, estavam suspensas das aulas. Nem me lembrava mais do visitante, quando me apareceu o padre, perguntando qual tinha sido o trato.

— Não tratamos de nada! — respondi. — O senhor sabe que as crianças pegaram sarampo e eu não tive tempo para mais nada. Hoje é que eu iria passar na igreja para lhe perguntar onde posso encontrá-lo.

— Agora vai demorar um pouco, meu filho. Ele não é desta cidade. Na verdade, ele está sempre viajando. Conhece o mundo e seus arredores. Ele é um conhecido *marchand*. Sai pelo mundo à procura de talentos desconhecidos. Por acaso, nas minhas andanças, encontrei-o nos arredores, na casa de um poderoso fazendeiro. Ele tinha ido lhe levar uns quadros de um pintor famoso. Eu lá estava também pelo mesmo objetivo, mas com a diferença de que as telas por mim ali vendidas eram obras de um ferreiro "desconhecido", mas a importância era a mesma, para falar a verdade. Sem querer bajulá-lo, suas telas eram melhores do que as que ele tinha levado. E, assim que viu as suas, ficou impressionado. Queria logo te conhecer, mas disse que esperasse, pois eu tinha muita coisa para fazer. Até que naquele dia que o trouxe a sua casa foi ele que me procurou na igreja. Disse estar ansioso para conhecer tão exímio pintor. Agora não sei quando voltará, mas, se de fato ele tem interesse, não tardará a voltar. Agora, as que você tiver prontas, vai guardando. Assim, quando ele voltar, terá muito o que apreciar. Agora tenho de ir. Que Deus aqui esteja e com suas criancinhas.

Pedi sua bênção e ele foi embora.

Qual proposta teria para mim aquele homem? Mas agora não podia ficar pensando nisso. Tinha de me concentrar no meu trabalho. Havia muito serviço atrasado.

No horário de sempre, passei em casa para ver como estavam as crianças e fui ao encontro de Vida. Estava morto de saudades, foi uma semana corrida. Fiquei a esperá-la. Nem levei as telas comigo. Queria estar livre, se ela viesse. Fazia tempo que não passeávamos pelos campos. Estava cansado, comecei a cochilar, quando senti em meu rosto algo formigar. Esfreguei-o, mas não abri os olhos. Senti que era pelo corpo todo, mas também trazia uma leveza, como se tivesse tomando um banho. Respirei fundo e abri os olhos. Qual não foi minha surpresa. Eu estava coberto de pétalas de rosa. Aí foi que eu senti o aroma. Era o cheiro de Vida. Levantei, rápido, mas não a encontrei em lugar nenhum. Comecei a chamá-la.

— Vida! Deixe de brincadeira! Estamos há muito tempo separados. Quero vê-la, falar-te das coisas que estão acontecendo.

E nada de ela aparecer. Continuei a gritar mais alto.

— Vida! Vida! Pare de brincadeira! Hoje meu tempo é pouco, as crianças estão doentes.

Então, só escutei sua voz. Recolha todas essas pétalas de rosas e dê um banho em todas as crianças. Logo elas ficarão bem. Dê um beijo em Toninha, hoje não posso estar com você.

Quando me virei para catar as pétalas, não é que dei de cara com o padre! Ele estava parado me olhando e para todas as pétalas que tinham se espalhado.

— Daniel, por que despetalaste tantas rosas? Por que estavas a gritar por Vida? Por acaso trouxeste a pequenina e ela se perdeu?

Fiquei mudo. Não sabia o que responder. Não queria mentir. Vida era uma verdade em minha vida, mas, se falasse para ele, certamente não acreditaria e talvez me tivesse como louco e poderia até me tirar as crianças. Ele já achava estranho ter um retrato de Vida tão grande em minha sala. O nome da pequena Vida se justificou por os pais de Vida terem-na apadrinhado, mas me encontrar aos berros, chamando por ela, certamente não entenderia. E eu ali parado, mudo, pensava que explicação daria.

— Alguém deve ter debulhado muitas rosas — disse. — Ia catá-las e levar para casa. Talvez, colocando em algum lugar apropriado, pintarei um lindo retrato.

— E por que chamavas por Vida? Onde está ela? Com certeza não estará sozinha. Começou a dar os primeiros passos. Não acredito que ficou disperso e ela se afastou sozinha.

— Padre, nem a trouxe comigo. Acho que estava a pensar alto e pedia a Deus que não a tirasse de mim. Apesar de dizerem que é moléstia de criança, fiquei com muito medo de perdê-la.

O padre coçou a cabeça, como se não tivesse acreditado, mas não encontrei outra maneira de lhe dar a explicação. Acabei de catar tudo e disse que iria acompanhá-lo. Não tinha ido a cavalo, precisava caminhar. Fomos andando e ele estava taciturno. Tentei entabular conversa, mas ele nem me escutou. Coçava a cabeça, era o seu hábito, acho que assim pensava melhor. Falava sozinho, como em resmungos, e eu não entendia as palavras. Fiquei quieto e fui caminhando ao seu lado. Quando chegou num certo pedaço, a estrada se dividia, tinha de ir um para cada lado. Ele seguiu certo seu caminho. Ainda tentei me despedir, mas ele nem percebia se eu estava mais ali. Fui embora preocupado. Não sei o que passava na cabeça do padre, mas, com certeza, não tinha aceitado a explicação dada. Cheguei em casa e entreguei as pétalas a Toninha. Contei tudo o que se passara e ela me acalmou. Disse que, com certeza, o padre a procuraria, e uma boa desculpa para tudo aquilo arranjaria. Falei do banho das crianças e ela prontamente o fez. Ajudei arrumando as crianças e as pondo na cama. Uma por uma, logo adormeceram.

Fomos para a sala conversar, mas antes Toninha me serviu um prato de sopa bem quente. Aquilo me reanimou, eu tinha levado um baita susto! Ficamos a conversar até bem tarde. Fiquei intrigado porque Vida não veio, mas mandou as pétalas de rosa.

— Filho, ainda não percebeste que ela o ajuda a cuidar das crianças? Ela as sabia doentes e achou uma maneira, mesmo não indo ao encontro, de ajudá-lo.

Comecei a chorar compulsivamente. Não sei quanto tempo poderia aguentar ficar tanto tempo sem vê-la. Eu a amava tanto, queria tê-la comigo todas as horas do dia. Sabia ser isso impossível, aceitei que assim seria, mas não pensei que fosse ser tão difícil. Toninha também chorava. Chorávamos uma saudade. Chorávamos por alguém que tinha partido, mas que fazia parte de nossas vidas, como se conosco ali vivesse. Era como se tivéssemos alguém que em casa não parasse, estando sempre a viajar, mas a saudade doía no peito. Às vezes achava que não ia mais aguentar.

Dois anos tinham se passado, desde que chegou a primeira criança. Muita coisa tinha mudado. A casa agora era grande, tínhamos uma horta bem plantada e o carinho de muitas crianças. Eu e Toninha, à noite, agradecíamos por isso. Sem as crianças, acho que não teríamos tanta força para continuar vivendo. Alice e João estavam sempre juntos. Era uma linda amizade, em tudo combinavam. Um ajudava o outro nas lições de casa. E, quando acontecia de um se machucar, nem nos preocupávamos, um logo tratava do outro. Dos pequenos tomavam conta. A pequena Vida ficava mais ao encargo de Toninha. Ainda queria muito colo e o aconchego que muito cedo perdera. Os pais de Vida continuavam sempre nos visitando. Enchiam as crianças de presentes. Eu até os alertava, se não os estariam estragando com tantos mimos.

Assim fizemos com todos os nossos filhos — me responderam – e graças a Deus são todos bons meninos. Já estão com suas famílias formadas e de desgosto nunca sentimos o gosto.

Eu me desculpava, acho que estava com ciúmes. Tinha medo de que a eles mais que a mim se apegassem e ficava arranjando desculpas, mas era uma bênção a visita deles. Traziam tortas, guloseimas que as crianças adoravam. Eu não tinha tempo para comprar e, às vezes, tinha medo de gastar demais e faltar o principal na mesa. Tinha consciência da minha responsabilidade para com elas. Depois de conversar com Toninha, sempre ia dormir mais aliviado. Colocava como sempre um beijo no rosto de Vida e ia dormir, pedindo a Deus que com ela sonhasse.

O dia amanheceu com as crianças numa algazarra. Levantei de um pulo! A doença ainda rondava aquela casa. Quando cheguei ao quarto das meninas, estavam todos juntos. Os meninos pulavam na cama, sacudiam os travesseiros e Alice tentava contê-los, mas sem êxito. Perguntei:

— O que está havendo? Alice, pode me falar por que já estão acordados e nessa farra toda?

— Pai, as manchas sumiram e a febre também. Estão todos fresquinhos e contentes porque voltaremos à escola.

Fui olhar um por um. De fato, nem vestígios do que tinham na véspera. Fiquei com os olhos rasos d'água, agradecendo em pensamento a Vida. Já que tinha acordado, fui cuidar delas. Quanto mais cedo começasse, mais depressa iria trabalhar. Toninha já estava na labuta. A pequena Vida ainda dormia. Ela ficava no mesmo quarto que Toninha; era melhor tê-la perto para poder cuidar dela. Fui trabalhar aliviado. Graças a Deus, tudo tinha passado. A nossa Vida voltaria ao normal. Assim que cheguei à ferraria, José me disse que tinha alguém me procurando. Pensei logo no visitante do padre, e isso mais ainda me reanimou. Não podia ir procurá-lo, não tinha certeza de quem fosse. Fiz meu trabalho compenetrado e nem senti quando entraram no estabelecimento. Só me dei conta, quando tocaram em meu ombro.

— Bom dia, Daniel! Estava a esperá-lo. Antes, deixe me apresentar primeiro. Sou o fazendeiro que comprou suas telas e gostaria de adquirir outras.

Fiquei sem saber o que dizer. Com toda aquela história de doença das crianças, nem tive tempo para pintar.

— Não tenho mais nenhuma comigo — disse — tive uns contratempos e não pude me dedicar à pintura.

— Posso ajudá-lo em seu problema? — perguntou. — Se é monetário, eu lhe dou adiantamento pelo que me será entregue e estamos conversados.

— Não! Dinheiro, graças aos céus, não nos tem faltado, mas meus filhos tiveram sarampo e não podia deixá-los. Eu me isolo para pintar, preciso estar só, comigo mesmo.

— Se é assim, quando posso voltar? Queria de você umas dez telas, pois os visitantes de minha casa, quando veem suas obras, me pedem para comprá-las. Das minhas, que adquiri com o padre, não vou me desfazer, mas queria um bom número do seu trabalho, pois farei com elas uma exposição em minha fazenda. Terá uns comes e bebes, e gostaria que você estivesse presente a esse acontecimento. Agora tenho de ir, pois ainda vou à igrejinha fazer o mesmo convite ao padre. Só quero que você mande o recado por ele, a data certa da entrega.

E, assim dizendo, tirou um maço de notas que nunca tinha visto na minha vida. Entregou-me e disse:

— Já é por conta da metade do trabalho. Despediu-se e saiu apressado.

Não quis nem papel firmado com a quantia que acabara de me entregar. José, que a conversa toda acompanhou, me abraçou dizendo:

— Temos, em nossa cidade, um grande artista! É uma honra para nós!

Começamos a rir abraçados, deixei o maço cair e se espalharam pelo chão notas para todo lado. Ficamos agachados catando, quando me dei conta de como a ferraria precisava de cuidados. O chão estava esburacado, era até perigoso para nós trabalharmos.

— José, não estás precisando de um sócio, que invista aqui algum dinheiro para reformas?

— Se estás falando do homem que acaba de sair, ele já deve estar longe. Com certeza, na igreja com o padre conversando.

— Estou falando de mim. Já somos compadres, não queres aumentar o seu negócio, me tendo como sócio? É aqui que trabalho mesmo. Então poderíamos investir um pouco e até alugar montarias. Como eu, muitos precisam, e onde tem o serviço é péssimo. Poderíamos até adquirir uma charrete. Quem vem à cidade fazer compras precisa dela. Quem sabe contratamos alguém que possa fazer esse serviço? Leva o dono e as compras até os arredores da cidade e depois volta deixando a charrete aqui recolhida. Também poderíamos deixá-la para ser usada por quem vem à missa aos domingos, depois de uma caminhada para chegar à igreja. Depois da missa, para voltar paras suas casas, com certeza alugarão nosso serviço.

— Daniel, ótima ideia! Estou mesmo precisando de dinheiro, tenho de aumentar o ganho, pois chegará mais um herdeiro. Mas de onde virá esse investimento?

— Dos quadros! — disse. — E entreguei a ele todo o dinheiro que tinha recebido e firmei com ele a sociedade naquele estabelecimento.

Nem sabia eu que já estava investindo no futuro de João, que mais tarde tomaria conta de tudo naquele lugar. Toninha ficou feliz com o acontecimento. Disse que agora, mais do que nunca, teria de me dedicar aos quadros.

No prazo exato, tudo estava pronto. Fui falar com o padre e pedi que transmitisse, por mim, o recado. Ele respondeu que eu tivesse paciência, ia demorar um pouco ele ir para aquelas bandas da fazenda.

— Não tem importância — respondi — se realmente ele estiver interessado, vai vir me procurar, e é o senhor que ele procurará primeiro, com certeza.

Agradeci ao padre e fui embora, pedindo sua bênção. José me esperava na ferraria, para conversarmos sobre as reformas. Ficou tudo acertado. Contratamos um homem que morava nos arredores que de tudo fazia. Estava desempregado e aceitou bem o serviço. Tudo estava correndo maravilhosamente bem. Só Vida que havia tempos não via. Estava com saudades, ficava tonto só em pensar nela.

Fui, como sempre, esperá-la, mas dessa vez compenetrado, colocando nas telas todo o amor que sentia e a falta que me fazia. Numa tarde só, às vezes, cinco telas ficavam prontas. Minha mão deslizava mais rapidamente do que meu pensamento. Estava pintando uma paisagem, era do lugar de onde eu tinha vindo. Quando senti o toque suave de uma mão em cima da minha, virei o rosto e dei de encontro com Vida. "Meu Deus! Como és divino, eu retratando toda sua criação, e ao meu lado alguém que permites que venha estar comigo. Como sou agradecido!" Larguei o pincel no chão e quase derrubei o cavalete com a tela. Abracei-a tanto, tanto, que quase perdi o fôlego. Queria senti-la em meu peito. Queria ter certeza de que realmente ela estava ali. Tinha medo de, por estar saudoso, minha imaginação me pregasse uma peça.

— Daniel! Só não te digo que vou sufocar porque isso não pode acontecer comigo, mas você pode ter um troço e não quero que nada de mal lhe aconteça. Não tema. Eu nunca te deixarei, a não ser que você não mais me queira. Aí, sim, mesmo doendo, nunca vou prendê-lo. Eu sei o quanto é difícil para você ficar me esperando todos os dias. Recebi a vibração de seu agradecimento pelas crianças, e sempre as protegerei. Lembre-se de que são como meus filhos. Amo-as como amo todas as crianças deste e do outro mundo. Mas, para mim, elas são especiais. São o elo entre mim e você, e fazendo o fechamento está Toninha. Sei que está trabalhando muito, mas não descuide de sua alimentação. Pense que as crianças têm em você o seu abrigo. Se você faltar a elas, não acreditarão em mais nada. Mas continue, não quis atrapalhá-lo. Já o estava observando há tempos, mas não resisti. Também estava com muita saudade.

— Agora que você chegou fica difícil! Quero vê-la, tocá-la, senti-la, apertada em meu peito. Não sei quando voltarei a vê-la.

E passei aquela tarde maravilhosa com Vida. Falei a ela do desconhecido que adquiriu minhas telas, mas sumiu. Falei do fazendeiro que encomendou outras tantas, mas eu dependia do padre para entregá-las. Falei da exposição proposta pelo fazendeiro e da sociedade que fiz com o ferreiro. Da horta que estava produzindo mais do que precisávamos e de como a casa estava alegre com toda aquela criançada. Vida me beijou, e eu fiquei extasiado. Era uma sensação inebriante. Eu era o mais feliz dos homens. Como sempre, ela não podia se demorar. Eu tinha de ir para casa, pois Toninha me esperava. Recolhi todas as peças, amarrei-as em meu cavalo e, quando já ia montar, escutei alguém me perguntar:

— Com quem falavas? Não podes pintar calado? Ou primeiro ficas a imaginar?

Levei um susto e tanto! Dei de cara com o padre, aquilo já estava se tornando um hábito!

Vida, minha vida 95

— Do que o senhor está falando? Estava eu a cantar, pois estou feliz e estava descansando. Já lhe falei que aqui é meu refúgio, mas, e o senhor, o que está fazendo por estas paragens?

— Vim procurá-lo. Entreguei as telas e o fazendeiro mandou o restante do dinheiro. Quero que você confira se é realmente o tratado.

E assim dizendo me entregou um maço de notas. Eu não estava ainda acostumado com tanto dinheiro. Ficava sem ação quando me deparava com tantas notas. Peguei de sua mão e separei um bocado. Entreguei a ele, dizendo:

— É para a obra da sua igreja e agradeço pela ajuda dada.

— Mas ainda tenho um recado. Vamos andando que já se faz tarde, pelo caminho vou lhe falando.

E assim soube da festa. Era a tal exposição de que tinha me falado o fazendeiro.

— Será no sábado — disse ele — vá bem arrumado, pois encontrará pessoas da mais alta sociedade. Essa festa poderá mudar sua vida. Eles contam com sua presença. Eu nem convidado fui. Deram a desculpa de que haveria vários tipos de bebida, e eu iria ficar constrangido. Acho que foi uma boa desculpa para afastar o padre da orgia.

— Vou falar com Toninha. Tenho compromisso com ela. Não posso deixá-la uma noite sozinha com as crianças. Apesar de ter a Alice, que muito ajuda, se algo acontecer, e ela tiver de sair, não será possível para ela levar todos. Mas verei o que posso fazer. A oportunidade me foi dada e não posso desperdiçá-la.

Assim nos despedimos, o padre suava, parecia cansado. De vez em quando, parava para enxugar o rosto com o lenço que trazia na batina guardado. Tinha eu lhe oferecido minha montaria, mas ele disse que estava acostumado e era bom caminhar. Assim que dele me afastei, fui logo montando em meu cavalo para levar a notícia mais depressa para Toninha. Eu estava confuso. Não sabia se realmente queria ir a essa festa. Não tinha interesse em conhecer outras pessoas. As que eu já tinha em meus relacionamentos eram suficientes, mas também não era ingênuo a ponto de não saber que talvez fosse a única chance de melhorar o futuro. Não para mim, pois como estava, estava ótimo, mas para as crianças. Vida, então, precisava ainda de muito. Nem me dei conta de que já tinha chegado em casa. João veio me receber em desabalada carreira, pedindo:

— Pai, deixa que eu cuido para você do cavalo! Vá descansar, que eu deixo tudo arrumado.

E assim, já conduzindo meu cavalo pela rédea, ficou a chamar Alice. Não fazia nada sem ela. Beijei-o e lhe agradeci o cuidado comigo. Era para ser o contrário. Eu estava comovido. Com toda a gritaria de João, Toninha chegou à porta, estava com Vida nos braços. Se eu estivesse agora com meu cavalete arrumado, as teria retratado. Abracei-a e fomos entrando. Alice, para atender ao chamado de João, passou que nem um furacão, quase nos derrubando.

— Ê, mocinha, para que tanta pressa? Nada vai sair do lugar! E quem te espera não vai embora, então ande devagar, pode acontecer um acidente se andares por aí aos tropeços. — E, assim dizendo, peguei-a no colo.

— Pai, solte-me! Não sou mais criança de colo. Mais um pouco e estarei do seu tamanho! E dizendo isso se pendurou em meu pescoço, me deu um beijo e se soltou correndo em direção a João. Eu e Toninha começamos a rir. Não tinha adiantado de nada o meu discurso. Fui ver as outras crianças, umas dormiam, outras no chão aninhadas e Pedro, o meu arteiro, com alguma coisa se embolava. Éramos uma família feliz! Dos pais deles, nunca mais tivemos notícias. Pedia perdão a Deus, pois, quando rezava, pedia para que nunca mais aparecessem. Se uma criança me fosse levada, iria com ela um pedaço de mim. Ainda mais que nunca teria certeza de, que de novo, não seriam largadas. Tomei meu banho e, quando à sala cheguei, Toninha já tinha colocado minha refeição à mesa. Sentei e pedi que me acompanhasse. Precisávamos ter uma difícil conversa. Toninha arregalou os olhos e me arrependi por ter falado assim. Fui logo acrescentando:

— Não é nada de mau, ao contrário, é uma decisão a ser tomada. E contei-lhe tudo. Falei que a festa seria no próximo sábado, mas estava descartada a ideia. Não podia deixá-la sozinha em casa a cuidar das crianças.

— Vou agora mesmo providenciar sua roupa! Acho que não encontrará nada decente, que esteja à altura do acontecimento, mas amanhã ainda é quinta-feira, tens tempo de sobra para providenciar tudo. Tens de ir de paletó e gravata. Não quero que faças feio. Tens de deixar eles impressionados, como ficaram com suas telas. És um belo rapagão, só precisas se arrumar um pouco, deixar de lado essa roupa caipira. Peça ajuda a José, ele deve saber onde podes encontrar algo que lhe sirva e que tenha bom preço. Não vá perder essa oportunidade. João e Alice são ótimas companhias e posso contar com eles para me ajudar com as crianças. Precisas ter uma mala ou uma bolsa que lhe sirva. Depois da caminhada, terás de tomar um bom banho, se perfumar e se vestir a contento.

— Nossa mãe! Você é rápida, Toninha! Eu ainda estava me decidindo e você já está fazendo minha mala! Está bem. Assim fica acertado, mas voltarei domingo bem cedo. Sairei de lá ainda madrugada. Tenho de pegar o endereço com o padre. Se possível, que me faça um mapa da estrada a tomar. Agora, deixe-me ver o que João e Alice estão aprontando, são capazes de afogar o meu baio.

E, assim, mais um dia se passou.

Como Toninha falou eu fiz. Pedi a José orientação e, mais do que isso, ele se ofereceu e foi comigo percorrer as poucas lojinhas que havia na cidade para adquirir o que eu precisava. Eu, com toda aquela parafernália, me sentia esquisito. Aquela gravata no pescoço me enforcava e eu discutia com José, pois queria desistir de ir assim vestido.

— Não podes chegar lá vestido de qualquer jeito, Daniel! Eles estão esperando um pintor! Não podes aparecer vestido como se fosse ferreiro! — e, rindo, continuou. — Não que não seja verdade, mas é melhor aparecer como um ferreiro melhorado.

Aceitei o que dizia, mandei fazer o embrulho das roupas e levei tudo para casa. Ia pensando no caminho que tinha sido um dinheiro desperdiçado. Depois da festa, com certeza aquela roupa nunca mais ia ser usada. Toninha adorou!! Me fez vestir toda a roupa, chamou a criançada, e eles, me rodeando, aplaudiam. Eu estava me sentindo um bobo! Toninha já tinha feito minha mala, dei uma olhada, estava de dar gosto! Tudo arrumado com muito cuidado. As peças passadas estavam impecáveis. Agradeci a ela dizendo:

— Nunca se importaram tanto comigo. Cresci em meio a tantos irmãos que, às vezes, era esquecido.

Mas isso tinha ficado longe, e eu teria o cuidado para não acontecer o mesmo com minhas crianças. Apressei-me em casa, pois tinha de voltar ao trabalho e ainda queria ir ao encontro de Vida. Ela teria de saber que por dois dias não compareceria ao encontro. Quando a tarde estava descendo e eu, como sempre, encostado na árvore, fiquei relembrando quando pintei pela primeira vez. Foi sem pincel ou tinta. Só o meu dedo na relva o rosto de Vida delineando. Esperei, esperei, ela não apareceu. O dia seguinte seria a véspera de minha viagem. Seria um dia atrapalhado, talvez nem pudesse ali estar. Fui embora antes que a noite descesse. Quando muito me demorava, Toninha ficava preocupada. Ela sabia que, às vezes, Vida não aparecia e temia que, pelo meu cansaço, acabasse pegando no sono e dormisse por ali mesmo. Fui cavalgando devagar, a expectativa dessa festa me deixara meio desorientado. Eu era meio bronco, não gostava de reuniões sofisticadas. Não saberia como mexer com as mãos, não saberia comer com tantos talheres. Não gostava de bebidas finas. Gostava, mesmo, era de tomar um bom vinho no inverno, em frente à lareira conversando com Toninha. Aquilo, sim, que era Vida boa. Ficava relaxado esquentando o corpo e saboreando com gosto aquela bebida que se fabricava ali mesmo, na cidadezinha. Mas não podia fugir à oportunidade que surgia. As crianças precisavam de amparo, e a solução poderia estar naquele encontro. A sexta-feira passou rápida! Queria deixar tudo a contento para Toninha. Não queria que em casa faltasse um remédio ou alimento. Fora minha presença, não queria que Toninha sentisse falta de nada. Saí de madrugada, na véspera já deixara tudo arrumado. Beijei as crianças uma a uma e mandei de longe, para não fazer barulho e acordar Vida, um beijo para Toninha, mas ela acordou dizendo:

— Espere, vou lhe fazer um café e aprontar um farnel.

— Fique aí quietinha, já me alimentei, e não é tão longe a fazenda para que eu precise levar alguma coisa para comer no caminho.

— Vá com Deus — disse ela — que a Senhora do Amparo lhe cuide e o traga de volta são e salvo!

Fui puxando meu cavalo até longe da casa. Não queria que o trotar do cavalo acordasse as crianças. Peguei o mapa que me dera o padre e fui seguir meu rumo. Ia sem saber o que me esperava, mas já tinha sido assim nesta cidade onde agora morava. Estava escuro, mas aquelas paragens eu já conhecia bem. Já estava bem claro o dia quando me aproximei da fazenda. Rodeei a cerca e fiquei contemplando. Era uma casa suntuosa. Na verdade, uma mansão. Tive vontade de puxar as rédeas de meu cavalo e voltar. Tanto luxo me inibia. No meio do gramado tinha um lindo chafariz! E estátuas espalhadas por todo o canto. O gramado parecia recém-plantado, as flores, de qualidades por mim desconhecidas. A mansão assustava por sua altura, perto de tudo aquilo me sentia uma formiga. Nem me dei conta de que se aproximavam de mim. Estava tão distraído que nem percebi a presença deles. Eram vários homens com carabina em punho. Perguntaram o que eu estava a espiar, se era olheiro de outra fazenda, que fosse dando o fora! E, assim falando, me rodearam como se fossem fazer alguma coisa. Então eu escutei alguém gritar:

— Já perguntaram, por acaso, o nome? Não sabem que o patrão está esperando agora cedo um visitante?

Um deles, cutucando minha perna com o trabuco, disse:

Escutou o que disseram? Trate logo de responder ou vai ficar difícil daqui a pouco poder falar alguma coisa!

Eu nunca fui medroso, mas eles me pegaram distraído. Dei um empurrão em sua arma e perguntei:

— É assim que seu patrão recebe quem ele convida? Meu nome é Daniel! Já estou arrependido de ter vindo.

Mas nisso já tinha se aproximado outro homem, o que falara com eles. Pediu mil desculpas e solicitou que o acompanhasse. Eu, que já estava nervoso com toda aquela confusão, sentia até minha barriga doer. Fui seguindo o homem e, cada vez mais, me intimidando com o que via. A porta de entrada era quase toda a frente de minha casa. Pediu que eu entrasse, foi o que fiz, pedindo licença. Agora até minhas pernas bambeavam. Eu estava entrando num palácio! O salão era enorme! Cheio de peças brilhantes, quadros ornamentando as paredes, com um foco dourado de cada lado. O material da cortina pensei que só se usava para fazer casacos. Era em veludo vinho, cheia de penduricalhos e presa na parede por grossos cordões de seda. O lustre eram camadas de cristais. O chão todo forrado em tapetes e, ao lado, uma austera mesa cheia de cadeiras perfiladas com seus botões dourados. Eu estava parado observando tudo, quando ouvi uma tosse. Olhei para o lado e me deparei com um senhor rechonchudo de colete e barriga empinada. Suas mãos estavam postas no colete mexendo em uma correntinha dourada.

— Daniel? — perguntou. — Esperava que fosses chegar mais tarde. Desculpe a indelicadeza de meus homens, mas faz parte do trabalho. Tenho, nesta casa, obras de grande valor. Alguém pode ficar tentado, e é melhor ficar prevenido.

— Na verdade, me assustei um pouco, estava até pensando em retornar. Não sabia que tinha bandidos nestas paragens e que era preciso andar armado.

— Não é necessariamente assim. Eu é que sou prevenido. Não vou chorar depois que o leite ordenhado da vaca derramar do balde. Prefiro me precaver e fazer a ordenha ser automática.

Não estava entendendo nada do que aquele homem falava. Não gostava de seus modos nem daquele ambiente. "Como pode o padre visitar essa fazenda e não questionar, deixando esses homens todos armados?", eu me perguntava. Ele me pediu que me sentasse, pois tínhamos muita coisa a conversar antes da festa. Disse que gostou muito dos meus quadros e que a exposição que hoje seria dada era para me introduzir no mundo artístico. Disse que já viajara muito. Conheceu vários países e muitas pessoas influentes. Comprou aquela fazenda, pois se cansou de badalações. Agora queria viver sossegado. Festas? Só quando tivesse vontade ou algum motivo importante. Hoje era eu o grande motivo. Perguntou se eu estava com fome e logo me serviu um suco com biscoitos. O copo, tive medo de apertar, de tão fino que era. Comi um biscoito só, pois a vergonha era maior que a fome. Chamou um empregado e mandou que me acompanhasse aos meus aposentos. Disse já estar tudo preparado, já tinham providenciado até um bom banho quente. Fui subindo as escadas, sem tocar o corrimão. Era todo dourado, tive medo de manchá-lo. Terminando a escada, cheguei onde disseram ser o saguão. Tinha várias portas de quarto, todas com enfeites dourados. Fomos até o final do corredor, quando o empregado me indicou a porta. Fiz menção de abri-la, mas ele logo se adiantou e o fez primeiro. O quarto era um luxo! Tudo que o quarto continha era no tom azul, mas o dourado fazia presença. Estava por todos os lados. Despertei com a voz do empregado, dizendo:

— O almoço é servido nas doze badaladas. Se precisar de alguma coisa, é só apertar a campainha que está ao lado da cama.

E assim dizendo, foi embora fechando a porta. Fiquei perambulando pelo quarto e fui até a janela. Dali se viam os pastos.

Eram muitos animais, parecia que criavam cavalos selvagens. O pelo dos animais brilhava tanto que parecia ter sido lustrado. Sentei na beirada da cama e senti que tinha sentado em cima de algo. Levantei-me e peguei. Era um jogo de toalhas de banho, todas em linho e umas iniciais bordadas, L.C. Eram as letras que continham. Aí foi que lembrei que nem sabia o nome do fazendeiro. Ainda era cedo, estava cansado, e assim mesmo vestido acabei por dormir um pouco. Despertei com um sino a badalar. Levei um susto! E comecei a contar. Se fossem doze, eu estaria atrasado, mas, para minha tranquilidade, na décima primeira, ele parou de tocar.

Tomei um banho, me arrumei e desci. A mesa já estava posta, mas ainda não tinha ninguém sentado. Eu não sabia nem para onde ir. A situação era estranha. Eu estava num ambiente desconhecido e não me sentia à vontade. Sentia falta de Toninha e do barulho das crianças. Pensei em Vida, não consegui falar-lhe antes da viagem, mas tinha plena certeza de que sabia onde eu me encontrava.

— Repousou um pouco? — perguntaram. Quando me virei, dei de cara com o fazendeiro, acompanhado por diversas pessoas. Eram todos homens alinhados, e, por coincidência, todos traziam a tal correntinha pendurada. A postura era a mesma. Dali a pouco, deram-se as doze badaladas e indicaram o lugar de cada um. Logo apareceram enfileirados os criados, trazendo bandejas prateadas com todo tipo de iguaria. Foi mais fácil do que eu pensava. O dono da casa me deixou à vontade. Parecia que ninguém prestava atenção se, de fato, eu comia. Acabei tão rápido que os outros mal tinham começado.

— Mas é uma desfeita comer tão pouco! Se queres algo diferente, é só falar que eles aprontam.

— Nada disso — respondi — estava tudo ótimo. Eu é que me acostumei a comer pouco. Logo após o almoço, costumo cavalgar, e barriga cheia não vai bem.

Todos riram, como se fosse muito engraçado. Eu é que fiquei sem graça e estava doido para levantar dali, mas a boa educação diz que devemos esperar que todos acabem. E assim fiquei só a observar o que se passava à mesa. Falavam das viagens, da cotação do dólar, em bens adquiridos ou da falta cometida por algum empregado. Até que se dirigiram a mim. Perguntaram sobre minha família, sobre os meus quadros e o que achava das telas que havia visto espalhadas pela casa.

— Belíssimas! — disse.

Na verdade, nem as tinha olhado direito. Quando pensei que o almoço estava terminado, vieram os empregados, retiraram as travessas da mesa, mas logo atrás vieram outros, carregando a sobremesa. Fomos servidos um a um. De fato, estava uma delícia. Eu não sabia o que era, mas me deu vontade de pedir um pouco para Toninha. Logo serviram café, em delicadas xicrinhas. Era uma louça finíssima, tão leve que, ao levá-la aos lábios, só o café se sentia.

Levantou o fazendeiro, dando por encerrado o almoço. Pediu que nos dirigíssemos a outra sala, onde todos os quadros estariam expostos. Não eram só os meus, como pensei. Muitos mais estavam expostos. Depois acabei sabendo que muitos que ali estavam também eram pintores. Ficamos a conversar. Perguntaram há quanto tempo pintava, quem era minha fonte de inspiração e isso, com certeza, eu não diria. Vida estava em todas as telas. Sem pensar nela, minha mão nem se mexia. Foram nos conduzindo para fora da casa. A exposição começaria às dezoito horas. Teriam de chegar os convidados. Enquanto isso, sugeriram que ficássemos na varanda conversando. Um dos primeiros a chegar foi o homem que esteve em minha casa. Depois de falar com L.C., era assim mesmo que todos o chamavam, veio em minha direção me cumprimentando efusivamente.

— Como vão as crianças? Desculpe não ter voltado para ver se tinham melhorado, mas já estava de viagem marcada e não podia perder um importante compromisso. Vim aqui hoje mais por suas telas. Quero ver se adquiro todas. Tenho já comprador para elas, mas queria convidá-lo para viajar comigo. Na França, tenho bons conhecidos que poderiam deslanchar por completo sua carreira. Ficaríamos uns seis meses. Depois, se desse certo, você ficaria um pouco aqui, dividindo seu tempo em viagens. Para começar, você iria por minha conta. Eu cuidaria das roupas, hospedagem e tudo mais. Você só se preocuparia em pintar.

Nem consegui de pronto responder. Como deixaria Vida? E Toninha? E as crianças? Elas eram responsabilidades minha.

— Já sei, está pensando nas crianças, mas também tenho solução para isso. Tenho uma boa ama, que ficará morando com seus filhos, dando ajuda a Toninha. Não é esse o nome dela?

Ele já estava com tudo preparado, mas eu tinha quase certeza de que não poderia ir com ele. E a resposta saiu quase que atropelando meus pensamentos.

— Agradeço seu interesse, mas não poderei ir. Prometi a Pedro que nunca o deixaria e, se me afastasse agora que são pequenos, com certeza não entenderiam que seria em prol deles, para garantir um futuro melhor. Tenho certeza de que, com as telas que tenho vendido, junto com meu trabalho de ferreiro e mais a horta que está produzindo, garantirei o futuro deles, mas, se for possível, conto com o senhor para vender meus quadros.

— Você não está entendendo a profundidade da coisa. Se não viajares, não serás conhecido. Como queres ser reconhecido como grande pintor, se não frequentares a roda de pessoas famosas?

— Não quero ser famoso — respondi — nunca pretendi isso. Quero só pintar minhas telas, ganhar o suficiente para dar às crianças um futuro garantido. Nada é mais importante do que minha vida em família. Quis tanto tê-los, não vou deixá-los por uma fama que não desejo, mas agradeço seu interesse e conto com sua ajuda, desde já lhe agradecendo.

— Sei que vais pensar melhor — disse ele — não aceito um não imediato. Tens tempo para dar a resposta certa.

E, dizendo isso, afastou-se indo ter com os outros. Eu fiquei ali isolado. Tinha cada vez mais vontade de voltar para casa, mas não podia fazer essa desfeita. Poderia ser encarado como um mau sujeito e minhas telas serem deixadas de lado. Fiquei ali taciturno, pensando naquele mundo tão diferente. Enquanto eles tinham tanto luxo, crianças como as que eu tinha estavam perdidas, sem um pão como alimento. Era uma diferença social muito grande. Acho que era isso que estava me fazendo mal. Nunca poderia viver desse jeito. Uma garrafa dessa bebida fina que estavam bebendo talvez desse para um mês de alimento, mas quem era eu para abrir minha boca e questionar qualquer coisa. Se o pároco ali frequenta e não muda nada, eu, um ferreiro insignificante, se fosse falar alguma coisa, seria tido como abusado. Ali, eu era um hóspede. Tinha de ser agradecido ao dono da casa. Assim, mergulhado em meus pensamentos, nem me dei conta de que tinham sumido. Levantei-me e os procurei, perguntando ao empregado aonde tinham ido.

— Foram fazer a sesta. A noite, por causa da festa, vai ser cansativa. Não vais repousar também? O senhor já sabe onde é seus aposentos e, antes das dezoito horas, como foi marcado, a casa não terá movimento. O patrão, nesse aspecto, é cuidadoso. Essa hora para ele é sagrada. Se ele não tiver uma sesta tranquila, fica mais que mal-humorado.

Agradeci a ele, perguntando se era possível ver de perto os cavalos, ao que me respondeu:

— Esteja à vontade, as dependências da casa estão ao dispor dos convidados.

E, assim falando, afastou-se, indo cuidar de suas tarefas. Eu fui fazer o que tinha pedido. Ver de perto o que tanto apreciava. Eram vários tipos de cavalo. Todos de raça pura, com certeza. Tinha um negro que chegava a ser azulão. Seu olhar penetrava, como se pudesse dizer alguma coisa. Cheguei perto da cerca e o chamei. Ele se aproximou devagar, até chegar à minha mão. Acariciei-o, sua crina era longa, estava muito bem cuidada, parecia um príncipe de conto de fadas. Estava eu passando a mão em sua crina, quando veio um empregado assustado me dizendo:

— Senhor, afaste-se desse animal, ele é matador! Ninguém consegue montá-lo. Ele já derrubou mais de dez. Ninguém consegue domá-lo.

— Posso tentar? — perguntei.

— Senhor, é muito perigoso, sem ordem do patrão, não poderei permitir. Se algo acontecer, eu serei responsabilizado.

Então escutamos uma voz que vinha do alto da janela da mansão.

— Pode deixar, Manoel! Pelo que sei, ele está acostumado a lidar com cavalos. Só fique por perto, para ajudá-lo, se precisar de ajuda.

Agradeci, fazendo um aceno. Não queria me exibir, mas aquele olhar me cativou e queria senti-lo perto de mim. Entrei no curral, ele se assustou um pouco. Comecei a conversar com ele, acariciando seu focinho. Acariciei seu dorso, sua barriga, fiquei a mexer em sua crina e logo estávamos amigos. Não quis arreio. Montei-o em pelo puro. Não queria nada que o machucasse. Sabia que ele já fora muito ferido. Ele tinha marcas curadas, o que significava muito sofrimento. Fiquei montado e parado uns instantes, só conversando com ele. Falei de Vida, que vivia galopando numa égua de beleza estonteante. Perguntei se, por acaso, já a tinha visto. Se não, eu lhe mostraria um dia. Eram perguntas sem respostas, mas eu sabia que ele entendia. Aos poucos, ele foi se mexendo e se encaminhou para a porteira. Fomos cavalgando devagar, como se fosse um passeio. Dei uma volta pequena. Não queria cansá-lo com meu peso. Se ele não estava acostumado, logo sentiria diferença. Retornamos ao lugar de que parti, desmontei e agradeci, acariciando-lhe a barriga. Fechei a porteira e dei de cara com os empregados, que jogavam os chapéus para o alto e me aplaudiam. Vieram me cumprimentar, dizendo eu ser o herói do dia. Acabava de domar o cavalo mais perigoso da redondeza.

— Não o domei — disse — só dei um passeio com ele. Vocês têm de saber que o animal assustado faz coisas que um ser humano também faria.

Disse isso lembrando da forma como me receberam. Eles nem perceberam a ligação. Comemoravam como se fosse um grande acontecimento. Da janela de seu quarto, L.C. aplaudia, dizendo logo descer para me dar os cumprimentos. Eu estava sem graça. Não era meu intuito, com aquele gesto, ganhar as graças de ninguém. Apenas eu era louco por cavalos, e aquele, em especial, me impressionara.

Fui para o meu quarto me lavar. Estava todo suado, mais pelas pessoas do que pelo animal. Coloquei uma roupa leve e me deitei um pouco. Ali, recolhido em meu quarto, poderia pensar um pouco em Vida. Como eu estava com saudades, já me dava uma inquietação. Queria logo que chegasse a manhã seguinte, quando eu sairia bem cedo. Tinha em casa muitas coisas para fazer, inclusive a colheita, para nada se perder. Nossas sobras eram alimento para os outros, e também queria ir ao encontro de Vida. Ficar tanto tempo sem ela deixava o ar rarefeito para mim. E, embalado nesses pensamentos, dormi. Acordei com um falatório que vinha da janela que deixara aberta. Levantei bruscamente, pensando ter perdido a hora. Fui até a janela e vi um amontoado de pessoas. Todas bem vestidas, homens e mulheres conversando. L.C. cumprimentava a todos. Acho que já tinha começado a festa e eu ali dormindo. Vesti-me, dei uma olhada no espelho: Não estava má figura. Só não tinha a tal correntinha, mas de resto acho que não faria feio. Eu era alto, musculoso e qualquer roupa que colocava sobressaía. Desci e fui ao encontro dos outros. Fui muito cumprimentado, mais pelo feito com o cavalo que pela pintura dos quadros. L.C. falava para todos do acontecido. Contava quantos aquele puro-sangue já derrubara e como eu o montei em pelo. Veio falar comigo e contou como ficou espantado. Ficou esperando uma reação do cavalo, temendo que ele me derrubasse.

— Ele só precisa de carinho — disse — é um animal valente e está assustado pelo modo como é tratado. Se o tentarem domar provocando dor, fazendo feridas em seu lombo, como as que eu vi e já estão cicatrizadas, com certeza nunca conseguirão colocar uma sela. Conversar com o animal, acariciá-lo, faz parte do trabalho quando se quer o animal domado.

Ao que L.C. me respondeu:

— Não tire seus méritos! Hoje você ganhou o dia. Dobrei o preço de suas obras e lhe darei como recompensa a diferença. E o mesmo se fará com as telas que trouxe para serem vendidas. O preço subiu, quem quiser adquiri-las, agora, terá de pagar o dobro.

Agradeci por mim e por todos que dependiam daquele dinheiro. Fui circulando entre os presentes e todos me cumprimentavam como se me conhecessem há muito tempo. Eu já não sabia se era pelas telas ou pelo feito com o cavalo, mas estava feliz! Pela primeira vez, me senti bem naquele ambiente.

Todos os quadros foram vendidos. L.C. disse que acertaríamos tudo na manhã seguinte. Meu coração disparou, não era isso que eu queria. Queria partir bem cedo, quando todos ainda estivessem dormindo, mas não pude falar nada. Ele era o anfitrião. Eu não podia colocar regras no que já estava estabelecido. Fiquei amuado. Aquilo foi um balde de água fria na minha alegria. Chegaria tarde em casa e, com certeza, não poderia ir ao encontro de Vida. Sentei num canto do salão e fiquei observando a festa. Era bebida para todo o lado. As risadas já eram mais altas, o que significava que a bebida já fazia seu efeito. Discutiam sobre tudo. Certas palavras eu nem entendia. Não sabia se eram francesas ou inglesas. Também, para mim, tanto fazia.

Até que certa hora veio até mim o *marchand*. Trazia com ele um moço que dizia ser um grande pintor. Inclusive, tinha várias de suas obras espalhadas pela casa.

— Ele é reconhecido em vários países — disse ele. — Era o que eu queria que acontecesse contigo. Fama significa dinheiro, *money*, sabes o que é isso? Mas não uma simples migalha, é a certeza de uma gorda conta no banco. Poderás comprar para as crianças roupas finas, de organdi, e sapatos de couro ou verniz. Seus meninos poderiam ser educados na Suíça. Tenho lá conhecimentos e teriam uma educação de primeira. Saberiam como se portar em encontros com rainhas.

— Nada disso me interessa, como já lhe falei! Preciso de dinheiro suficiente para tê-los sempre comigo, mas naquela cidadezinha e com a ajuda de Toninha receberão a educação que precisam. Não estou desmerecendo quem as tem, mas não é isso que pretendo para os meus filhos. Esperança é uma cidade pacata, mas, como o nome mesmo já diz, o surgir de um novo dia traz sempre novas expectativas. São coisas simples que certamente vocês não entenderiam. É o reformar uma charrete velha e vê-la trabalhando, reluzindo. É, junto com amigos, plantar e colher e depois repartir o que vem em abundância. É o riso das crianças quando chego do trabalho cansado, para logo esquecer da minha labuta. São as conversas com Toninha na frente da lareira, falando dos acontecimentos do dia. É pintar sem o compromisso de viajar e ter de deixar tudo isso.

Os dois ficaram me olhando boquiabertos, como se nada entendessem. Um porque acho que falava outro idioma, e o *marchand* porque tudo que acabei de dizer talvez significasse para ele "pobreza". Mas não mudaria minha resolução. Se ele entendesse, tudo bem. Se não, continuaria a pintar, deixando que o destino se encarregasse de dar destino às minhas telas. Ele me cumprimentou e se afastou, levando pelo braço o rapaz.

Parecia que estava guiando um cego ou uma criança de tenra idade, quando começava a dar os primeiros passos. Não era isso que eu queria para minha vida. Não queria quem me guiasse. Deus e Vida, com certeza, já faziam isso.

Já se fazia tarde. O salão foi esvaziando, ficando poucas pessoas. Então me dirigi a L.C., perguntando que horas acertaríamos nossas contas.

— Não sejas apressado, meu rapaz, a noite nem terminou. Se quiseres se recolher, amanhã na hora do almoço acertaremos nossas contas. O horário você já sabe, é sempre nas doze badaladas.

E, falando assim, me deu as costas, continuando a conversa que eu tinha interrompido.

Fui para o meu quarto macambúzio. A respeito dos quadros, tinha dado mais que certo, mas não gostaria de permanecer muito tempo mais ali. Não gostava do ambiente. Ali, como percebi, as pessoas valiam de acordo com a grossura da corrente de ouro pendurada no bolso.

Dormi e sonhei com Vida. Eu estava com ela no campo com muitas flores e rodeado pelas crianças. Minha pequena Vida dava passos incertos em direção às outras crianças. Eu estava feliz como nunca tinha sido. As crianças maiores sabiam da importância de Vida na nossa casa. Perguntavam por ela e por que estava sempre viajando. Por que não morava conosco, se Toninha dizia que ela era agora nossa mãe? Mas a cena que vi em sonho nunca tinha acontecido. Nunca tinha reunido as crianças e as levado aos meus encontros com Vida. Talvez fosse um aviso de que teria de fazer isso. Quando acordei, prometi a mim mesmo que no próximo encontro, com certeza, não iria sozinho.

Apesar do lindo sonho, acordei de péssimo humor. Já gostaria de estar longe, quase chegando em casa. E ainda estava plantado ali! Arrumei-me e desci. Apesar dos pesares, estava com fome. Não sabia se tinha horário a primeira refeição, mas, se não encontrasse nada naquela grande mesa para comer, me dirigiria à cozinha. E foi o que aconteceu. A casa estava ainda dormindo, fora uns empregados que encontrei circulando. Estavam a limpar a sujeira da festa e andavam para lá e para cá como se fossem formiguinhas. L.C., com certeza, devia receber seu desjejum no quarto. Não sabia que horas tinha acabado a festa nem se havia mais hóspedes na casa. Dirigi-me à cozinha, e o empregado levou um susto.

— Senhor, em que posso servi-lo? Com certeza espera seu desjejum. Aguarde um pouco na sala, que logo colocaremos tudo na mesa.

Falava atropelando as palavras, como se tivesse cometido alguma falta. Coloquei a mão no seu ombro e disse:

— Não precisa tanto esforço. Sento-me aqui mesmo e, por favor, me veja algo para comer.

— Não, senhor! Aqui só sentam os empregados. Serei chamado à atenção, se lhe permitir isso. Por favor, aguarde um pouco, que logo será bem servido.

Não quis mais insistir. Com certeza, já era para tudo estar providenciado, e eu não gostaria que alguém fosse repreendido por minha causa.

— Está certo! Esperarei um pouco, nem estou com tanta fome. Podes providenciar tudo bem devagar, não se preocupe comigo.

E, assim falando, me dirigi à varanda e fiquei a contemplar a manhã. Era um belíssimo dia. Com certeza, Toninha ficaria preocupada com minha demora. Não deveria ter dito que ia chegar tão cedo. Respirei o ar puro da manhã e me senti melhor. Fui caminhar um pouco, agora longe dos cavalos. Estava a passear distraído, quando ouvi um conhecido cavalgar.

— Vida! Minha Vida! Como chegaste aqui? Pensei que só pudesses fazer um caminho, e que essas paragens fossem, para você, desconhecidas.

Ela pulou do cavalo, daquele jeito que só ela sabia. Abraçou-me apertado, dizendo:

— Não vim visitá-lo, Toninha precisa de ajuda. Ela está acamada, não tem forças para levantar. Alice e João estão tomando conta de tudo. Agora você já sabe e tenho de ir embora.

Rápido como apareceu, se foi. Essa era minha Vida. Mas os poucos momentos em que ficávamos juntos pareciam uma eternidade. Logo lembrei o que ela fora fazer ali. Toninha estava acamada e precisando de mim. Voltei rápido à mansão. Perguntei se L.C. ainda estava dormindo.

— Patrão só acordará para o almoço. No quarto, bem cedo, foi servido seu desjejum.

Deixei o empregado falando e me dirigi ao meu quarto. Fiz minha mala e desci correndo a escada.

— Onde vai, senhor? O que me pediu está servido. Onde vai tão cedo com essa mala? O que digo quando o procurarem?

— Por favor, diga ao seu patrão que houve um imprevisto. Fui chamado em casa, pois tem quem precise de mim. Diga que pedirei ao padre que acerte as minhas contas. Agradeça a hospitalidade e, com certeza, nos encontraremos de novo.

Fui embora apressado. Pedi ao empregado que me ajudasse com o cavalo, para ser mais rápido. Logo eu estava a caminho.

Angustiava-me saber que Toninha estava sozinha. Sozinha em termos. Com toda aquela criançada, era difícil se sentir solitário, mas agora era diferente, eles eram cuidados por ela. E quem cuidaria dela? Galopava tentando cortar caminho por onde nem conhecia, mas seguia minha intuição que era o caminho mais rápido. Quando me aproximei da casa, meu coração disparava. Temia que pudesse acontecer algo a Toninha. Aprendi a amá-la pelo seu jeito simples, seus gestos rápidos e pela força que ela me dava em relação a Vida. Desmontei, entrei em casa correndo, largando o animal ali mesmo, sem levá-lo para o curral. Escutei barulho na cozinha, pensei ser ela e dei de cara com João e Alice preparando algo que não sabia o que era. Quando me viram, correram em minha direção dizendo:

— Pai, estávamos assustados. Toninha está doente, não consegue se levantar da cama. Os outros estão com ela. Mesmo na cama, ela não deixa que eles saiam de perto dela.

E, puxando a minha mão, me carregaram em direção ao quarto, gritando:

— Toninha, Toninha, o pai chegou! Agora podes ficar boa, ele não nos abandonou.

As crianças vieram correndo, todos agarrando minha perna. Pedro era o mais agitado, e dizia:

— Eu falei que o senhor não iria embora. Eu falei da promessa de que nunca nos abandonaria.

— Calma — disse. — Eu já estou aqui. Agora vão com João e Alice para fora brincar, que quero conversar com Toninha.

Eles saíram em disparada. Só Vida tinha ficado em seu berço, que ficava colado à cama de Toninha. Aproximei-me, puxei uma cadeira e sentei-me ao lado da cama. Toninha estava abatida. Seu olhar meigo parecia indagar: por que demorou tanto?

— Desculpe a demora — disse — o fazendeiro não quis acertar as contas que tinha comigo antes do meio-dia, mas, se a soubesse doente, com certeza teria voltado mais cedo.

— Não se preocupe, disse ela. É doença de velho. Sinto muitas dores no corpo, principalmente nas pernas. Ontem à noite já estava com dificuldades, mas hoje não consegui me levantar desta cama. Mas que hora é essa? Não acredito que já passe muito da hora marcada pelo fazendeiro.

— São quase dez horas. De fato, não fiquei para esperá-lo. Naquela casa tudo funciona muito tarde. Dormem mais que trabalham, fora, lógico, a legião de empregados. Mas fique aí quietinha, que vou até a cidade e trago, logo, logo o médico. Ele, com aquelas poções misteriosas, logo a porá de pé. Levarei as crianças menores comigo. Só deixarei João, Alice e Vida. Assim podes dormir um pouco, sem ficar preocupada de que algo aconteça a eles. Dei-lhe um beijo e fui chamar as crianças. Disse aos dois maiores que não saíssem de casa e, se fosse preciso, que ficassem com Vida. Eles pareciam dois adultos pequenininhos. A Vida já lhes tinha ensinado que nem tudo são flores. Fui atrelar a charrete, as crianças ficaram num alvoroço. Coloquei os seis, tentando sentá-los um levado e um mais quieto, para contrabalançar a bagunça. Eles não tinham consciência da doença de Toninha. Para eles, iam dar um passeio, e não chamar um médico. Tão depressa quanto possível, estava de volta. O doutor e sua maleta inibiam as crianças. Quando elas estiveram doentes, ele receitou um remédio que elas acharam ruim. Agora, quando o viam, ficavam com medo de que fosse acontecer a mesma coisa. Ele ainda brincava com eles, dizendo:

— Estão muito levados? Tenho um ótimo remédio para criança ficar parada.

Eles arregalavam os olhos e ficavam mudos, estáticos.

Chegamos. Ele foi direto examinar Toninha. Disse que não era nada grave, uns dias na cama, passando a fomentação que receitara, e ela ficaria boa. Receitou uns caldos quentes, pois achara Toninha um pouco fraca e cansada. Eu fiquei com remorso. Eu naquela festa à qual não me entrosara e Toninha precisando dos meus préstimos. Levei o doutor de volta à cidade, carregando junto a criançada. Eles foram que foi uma beleza, nem parecia que tinha criança espremida na charrete, mas, na volta, já sem o doutor, eles fizeram uma verdadeira festa. Como eu os amava! Como senti falta deles quando estive afastado! Jurei para mim mesmo que, se tivesse de ir a algum compromisso de novo, toda a família iria junto comigo. Levei para Toninha o remédio que o médico receitara. Eu mesmo apliquei em suas pernas, calçando, em seguida, umas grandes meias. Ela reclamava que não iria ficar ali deitada. Mesmo com dificuldade, cuidaria das crianças.

— Deixe de ser teimosa — disse — precisas descansar ou o remédio não fará efeito. Dê-me a oportunidade de cuidar de você como fez comigo quando precisei da sua ajuda. A propósito: sabes como a soube doente? Por que nem esperei o despertar do fazendeiro e saí como um fujão de sua mansão? Foi Vida que lá esteve e disse que estavas acamada.

Como lá esteve? — perguntou Toninha. Não é o caminho dela. Como chegou até você?

— Eu estava dando um passeio, esperava a hora marcada pelo fazendeiro. Escutei um cavalgar conhecido e era Vida! Chegou rápida que nem o vento, desmontou, como só ela sabe fazer, me deu um forte abraço e me falou de você. Disse que voltasse para casa, pois você precisava de ajuda.

Toninha começou a chorar.

— Minha filha, minha filha! Como tenho saudades de você!

— Não fiques assim, Toninha, se ela a soube doente, também saberá que choras. Tenho certeza de que Vida ficará triste por provocar, com sua ausência, essa tristeza em seu peito.

— Não vou mais chorar — disse ela enxugando as lágrimas. — É que, às vezes, me descontrolo, mas é só por saudade. Sei que ela está mais perto que nunca. Sua presença aqui e mais as crianças são a comprovação de que ela nunca foi embora.

— Agora, durma um pouco, que vou levar Vida para a sala comigo. Vou lhe preparar uma canja, que, como dizia minha mãe, "levanta até defunto".

E, assim falando, lhe ajeitei as cobertas e fui fazer o que tinha prometido. As crianças estavam calmas. Brincavam quietinhas, como se entendessem que Toninha precisava de silêncio para poder descansar um pouco. Pedi a Alice que tomasse conta de Vida e fui para a cozinha fazer o tal caldo quente. De repente, escutei me chamar. Era a voz do padre que vinha lá de fora.

— Daniel! Ó de casa! Não tem ninguém que atenda a esse cansado padre?

Logo as crianças fizeram um alvoroço. Estava terminado o silêncio. De uma só vez, correram todos para atender ao apelo do padre. Eu nem me mexi. Sabia que logo ele estaria ali na cozinha. Continuei preparando a comida, até porque já sabia o motivo de sua vinda. Chegou até a cozinha todo esbaforido.

— Estás escondido? Nem foste me receber — disse ele.

— Estou ocupado e com pressa. Preciso terminar o almoço. Logo as crianças estarão com fome.

— Toninha, onde se meteu? Deu uma saída e ainda não voltou? Será que foi até a fazenda dos antigos patrões?

Ele não me dava chance de explicar alguma coisa, era o seu jeito mesmo. Ou falava muito, até tentando adivinhar as coisas, ou dava desculpas e ia embora resmungando, como fez muito comigo.

— Toninha está acamada — disse — já fui à cidade buscar o médico para lhe receitar e agora estou fazendo o que ele pediu. Um caldo bem quente para ela poder recuperar as forças.

— Eu não sabia, meu filho! Vim até aqui para lhe passar um pito! Recebi um recado do fazendeiro, agradecendo-me pelo sujeito mal-educado que lhe mandei na fazenda. De sua hospitalidade fez pouco, como escreveu ele, foi-se embora sorrateiramente, sem agradecimentos, como se fosse um bandido.

Eu, que estava nessa hora com uma faca afiada, cortando o frango, quase me cortei. Fiquei indignado com as palavras do padre.

— Padre, sabes que não sou desse jeito! Eu recebi um recado que Toninha estava acamada e não podia ficar esperando que ele acordasse na hora que bem entendesse para lhe fazer o agradecimento. Deixei um recado com um dos seus empregados agradecendo a hospitalidade e avisando que o senhor entraria em contato com ele para receber o que me era devido. Tenho plena consciência do quanto me portei bem, mas não posso dizer o mesmo deles. Fui recebido como se fosse ladrão. Era carabina para todo lado. O senhor sabia que os empregados de L.C. andam armados? Diz ele que é para impedir possíveis assaltos a casa, mas não está certo. Como aconteceu comigo, pode acontecer com outros. E se não estiver sendo esperado, como eu estava? Pode acontecer algo irreparável!

— Nunca vi armas naquela casa, disse o padre. Sempre fui bem recebido, são bons cristãos, com a sorte de terem sido bem-nascidos. A sorte bafejou aquela família, e toda aquela ostentação, às vezes, assusta! Já falei a ele sobre isso, mas ele sempre dá um jeito de contornar as coisas. Quando começo a falar sobre isso, ele pega sua carteira e auxilia a igreja. Ele é caridoso e eu não posso fazer nada. Cada um vive da maneira que melhor lhe convém. Prestar contas? Isso não é comigo, mas vamos deixar de conversa e vamos ver Toninha.

— Pode se chegar, padre. Ela não deve estar dormindo. As crianças fizeram uma barulhada com a sua chegada. E vou aproveitar que estão lá fora brincando para acabar o que estou fazendo.

Ele foi ver Toninha e eu fiquei pensando no que me disse. De fato, estava doido para sair daquela casa, mas, se não fosse Vida, teria esperado as doze badaladas e almoçado com ele. Mesmo com vontade de vir logo embora, eu era agradecido pela hospitalidade e por meus quadros terem sido vendidos. Estava absorto em meus pensamentos, quando me voltou o padre.

— Ela está a dormir — disse ele. — Deixei-a descansar e mais tarde voltarei para visitá-la. Mas, a propósito, junto com o bilhete do fazendeiro veio este envelope, que estava esquecendo de lhe entregar. Enquanto falava, tirava o envelope de dentro da batina. Peguei-o e vi que era o que me era devido.

— Obrigado — disse — é o dinheiro que teria de receber com as vendas dos quadros. Não deu tempo de acertar as contas com ele. Vim embora assim que recebi o recado.

— Quem foi lhe levar a notícia de que Toninha estava acamada? As crianças não podem ter sido. A fazenda é longe e o caminho desconhecido para elas.

Fiquei engasgado, sem saber a resposta. Fingi que não tinha escutado, pois estava contando o dinheiro.

— E então, Daniel! Quem foi levar o recado? Na cidade todos sabem que foste à tal exposição. Mas, com certeza, não sabem do caminho.

— Deixei a cópia do mapa com uma pessoa. Estava preocupado em deixar Toninha sozinha com tantas crianças e me preveni um pouco.

Se ele perguntasse quem era, mentiria e diria que tinha sido José, mas, como ele voltaria à cidade antes de eu ter com ele, a mentira iria por água abaixo.

— Ainda bem que és prevenido, disse ele. Falarei com L.C. e desculparei sua pessoa.

Respirei fundo, estava a salvo. Ele nunca acreditaria que o mensageiro tivesse sido Vida. Ele foi embora e eu acabei minha tarefa. Coloquei o caldo no prato, ainda fumegando, e levei para Toninha. Ela estava adormecida, mas temi que fosse de fraqueza. Chamei-a e lhe ofereci o caldo. Ajudei-a a se sentar na cama, recostada nos travesseiros.

— Vá tomando pelas bordas — disse — se esfriar, não fará o efeito desejado.

Fiquei ali com ela até todo o caldo acabar. Nunca tinha lidado com Toninha tão frágil, e isso me penalizava. Quando ela acabou, lhe falei:

— Agora durma mais um pouco, que tomarás um suador, mas, com certeza, amanhã estarás como nova! Ajudei-a a se deitar de novo. Cobri-a e fui cuidar das crianças. Dei-lhes a mesma comida. Eles eram engraçados, elogiaram, dizendo ser a comida mais gostosa que já tinham comido. Pedro, meu levado, fazia graças contornando com a colher o prato, dizendo que estava a pescar a galinha. Todos riam. Era uma bonita família! Comecei a rir também e lembrei que até aquela hora não tinha colocado nada na boca. Fiz meu prato e me sentei para almoçar com as crianças. Eles tagarelavam, contando como tudo tinha se passado. Como foram chamar Toninha, que ainda estava deitada sem lhes preparar o leite. Contaram que ficaram a tomar conta dela, esperando a minha chegada. Agradeci a eles dizendo que eram preciosos. Que bom que podia contar com eles quando me ausentava de casa.

— Quando o senhor quiser sair, tomaremos conta de tudo! Falavam todos juntos. Faremos a comida, limparemos a casa e até podemos colher na horta.

— Não, não! Obrigado! É muito trabalho para vocês. Basta que obedeçam a Toninha e aos seus irmãos mais velhos, que já estarão me dando ajuda. Agora, me ajudem a levar toda louça para cozinha, que vamos ver o que podemos colher de bom na horta.

Num instante, levantaram da mesa, colocando seus banquinhos arrumados. Eu os tinha feito com José e pintado uma figura com a letra de cada um do lado. Os pequenos que, não sabiam ainda ler, reconheciam a gravura e, ao mesmo tempo, aprendiam a primeira letra de seu nome. Fomos todos lá para fora fazer o que eu tinha dito. Já apanhavam os cestos e iam cantando atrás de mim, mas cantavam e discutiam quem seria o primeiro. Eles eram assim: alegria a todo momento. Pegamos o que estava bom para colher e voltamos para casa. Dei uma olhada em Toninha, que estava toda suada. Tinha de lhe trocar uma muda de roupa, mas como faria? Alice ainda era pequena, de certo não conseguiria. Lembrei, então, da mãe de Vida. Iria buscá-la e as coisas se ajeitariam. Peguei as crianças pequenas de novo, coloquei-as na charrete e fomos até a fazenda. Eles nos receberam com alegria. Pensaram que fosse uma visita domingueira, e ficaram preocupados quando lhes falei de Toninha. Prontamente se ofereceram para ir até a casa cuidar dela. Meu sogro (era assim que eu sempre o chamava) atrelou sua charrete e nos acompanhou até em casa. Quando lá chegamos, Toninha já estava acordada. Ainda brigou comigo por ter ido incomodá-los.

— Fiquei sem graça — disse — teria de mudar sua roupa, então lembrei de quem poderia fazer isso e fui até a fazenda buscá-los.

— Deixe essa teimosa comigo! — disse a mãe de Vida. — Vou aproveitar e lhe dar um banho de asseio, que ela logo se sentirá melhor.

Deixei as duas no quarto e fui ver meu sogro, que estava às voltas com as crianças. Ele tinha no colo a pequena Vida, e seus olhos estavam cheios de lágrimas.

— Vamos dar um passeio? — disse. — Assim a casa ficará em silêncio e Toninha poderá descansar melhor.

Meu sogro aceitou de imediato. Disse que levaria Vida com ele. Fomos na charrete maior, que era a dele. E, dessa vez, João e Alice foram juntos. Fomos até o riacho, para as crianças poderem brincar um pouco. Lá chegando, ficamos sentados na relva, observando a bagunça que faziam. Tinham tirado os sapatos e jogavam água uns nos outros. Eu já ia me levantar para colocar um ponto final na bagunça, mas meu sogro segurou o meu braço dizendo:

— Deixe elas se distrair. Um pouco de água não lhes fará mal, ao contrário, dissipará um pouco dessa energia.

Acabamos por rir, porque eles pareciam que não cansavam nunca. De repente, se deu um alvoroço. Engraçado, que por mais que eu fizesse esforço não consegui me levantar dali. As crianças é que vieram correndo, suas faces rosadas eram a marca da alegria do momento.

— Pai, venha ver! Ela está aqui. Está conosco na água. Pedimos que viesse lhe falar, mas ela disse que não pode vir até aqui.

Meu coração parecia que ia sair pela boca. Meu sogro entendia muito bem do que as crianças estavam falando. Ele se levantou e pediu às crianças:

— Leve-me até ela, que preciso muito vê-la. Eu saí correndo na sua frente. Queria chegar primeiro, antes que ela fosse embora, mas, quando lá cheguei, aconteceu a minha decepção. Quem estava a brincar com as crianças era aquela senhora que tinha me trazido Vida, junto com as duas irmãs. Quando cheguei perto dela, foi logo se desculpando. Dizia não ter abandonado as crianças, mas seu tempo era pouco e vivia sempre doente. Mas caminhava pelo riacho… Às vezes encontrava o que comer e ainda tirava o cansaço de suas pernas por caminhar na água. Não briguei com ela, fiquei penalizado. Já era uma senhora de certa idade e vivia abandonada, então lhe fiz a proposta:

— A senhora não quer vir conosco? Eu lhe darei abrigo e comida e, no final de cada mês, lhe darei algum dinheiro. Toninha está acamada e preciso de quem cuide das crianças agora e, depois que ela ficar boa, não a quero fazendo muito esforço.

— É bondade sua o que me oferece. Desde já aceito, é só o tempo de pegar minha trouxa e ir para sua casa, mas quanto ao dinheiro não precisa se preocupar. Trabalhar por casa e comida já está mais do que pago.

Despediu-se das crianças e disse que mais tarde as encontraria em casa. Meu sogro a tudo assistia, mas a decepção estava estampada em seu rosto.

— Não era ela — disse — seria sorte demais! Sei que não conseguiria vê-la, mas tinha a esperança que me falasse por intemédio das crianças.

— Não fique assim, meu sogro! Hoje mesmo, com certeza, a encontrarei e lhe darei notícias. Agora vamos recolher as crianças e voltar para casa. Quem sabe Toninha teve melhoras e posso sair para encontrá-la?

Quando chegamos em casa, quem nos recebeu foi a mais nova moradora. Já tinha ido a casa e chegou já trabalhando. A mesa estava posta para o lanche, com as canequinhas e os banquinhos à disposição das crianças. Pedi que lavassem as mãos e fossem fazer a refeição. Dona Margarida, era assim que a boa senhora se chamava, também foi uma bênção em nossas vidas. Ajudava Toninha com as crianças e, quando saíam, ajudava a levar as crianças na charrete.

Graças aos céus, Toninha melhorou. Ainda sentia poucas dores nas pernas, mas já caminhava melhor. Meus sogros levaram quatro crianças menores e trouxeram de volta no outro fim de semana. Os mais velhos tinham escola e não podiam se ausentar. Como prometi ao meu sogro, naquele dia fui encontrar Vida, mas não pude falar-lhe, já estava se fazendo tarde e fui embora para casa.

Uma semana se passou desses acontecimentos todos. Da exposição, eu pouco me lembrava. Tinha até esquecido do dinheiro que o padre trouxera. Assim que me lembrei dele, fui perguntar a Toninha o que faríamos com tamanha quantia: se guardávamos ou continuaríamos a obra em casa?

— Os dois — respondeu ela. — Temos de fazer uma boa cerca, pintá-la de branquinho e construir mais uns dois quartos!

— Mais quartos! — exclamei. — Já são seis ao todo! Daqui a pouco essa casa ficará igual à mansão que conheci. — Então eu comecei a rir. — Nada disso, Toninha. Você está com a razão. Ao todo, somos doze nesta família, mas não sabemos se vai parar aí. Faremos mais uma saleta e um quarto para que as crianças não precisem brincar na sala quando estiver chovendo. Amanhã mesmo falarei com o pedreiro e começaremos a obra. Aproveitarei para pintar a casa da mesma cor da cerca. Agora, tenho de ir para o trabalho, já faz uma semana que me ausentei. Apesar de José ter me dispensado, o trabalho me espera!

Beijei as crianças e fui embora, mas no meio do caminho me desviei e fui ao local em que sempre encontrava Vida. Apesar de ser de manhã, uma força me empurrava para lá. Quando me dei conta, já estava como sempre: sentado, encostado na árvore, como se fosse um encontro! Fechei os olhos e fiquei pensando na semana atribulada que passei. De repente, senti uma quentura no corpo e uma sensação que já conhecia. Quando abri os olhos, Vida estava ali na minha frente.

— Não a ouvi chegar — disse — como veio, se não vejo seu cavalo?

— Não importa como chego! Importa que estou aqui e não te deixarei tão cedo. Sei que tens trabalho na ferraria, mas amanhã dobras o serviço. Tenho certeza de que José não ficará zangado contigo. Vim para saber da festa. Também não aguentava mais ficar sem você estar perto.

E, dizendo isso, me beijou, e esqueci da semana atribulada. Ficamos a conversar até cair a tarde. Contei-lhe da mansão e como eles gastavam inutilmente. Falei da proposta do *marchand* e como a recusei.

— Não seria bom para você, Daniel? Seria conhecido, encontraria outras pessoas e talvez até se interessasse por alguém como você...

— Como eu... como? O que tenho de diferente de você? Amo-a como nunca pensei amar ninguém. Tenho-a quando preciso, sinto sempre sua presença quando pinto, você me ajuda com as crianças e até com Toninha. Indicou-me o caminho para a venda dos quadros. O que mais posso desejar? Viver igual a L.C.? Ou do jeito que o *marchand* me ofereceu? Sabes que não é isso que quero! Na verdade, tenho mais que mereço. Só lamento não ter chegado a esta cidade anos antes, para conhecê-la junto aos seus.

— Não faria a menor diferença — respondeu ela — teria de ir à noite para casa e ficaríamos afastados de qualquer jeito. Faça de conta que somos namorados e que minha família mora muito longe. Assim poderíamos mesmo nos encontrar de tempos em tempos, mas somos namorados diferentes, já temos família constituída e uma pequenina que recebeu até o nome da mãe de coração. Sinto pelos meus pais, mas não pertenço mais àquela família. A Vida que criaram já teve seu tempo terminado com eles. Fui feliz quando aqui vivi, mas não encontrei o amor tão desejado por mim. Amo-te tanto, sinto ter de sempre ir embora, mas as horas que passamos juntos são uma eternidade para mim.

— Não fique triste, Vida. Vou pensar que não é bom você estar comigo. Nas primeiras vezes que te encontrei, eras só sorriso. Vamos pensar em coisas boas, vamos falar das crianças. Sabes que Pedro é o mais agarrado a mim?

— Todas essas crianças teriam de chegar a ti. Já estava escrito, Daniel! Nada é por acaso, a não ser nosso atribulado encontro.

E, dizendo assim, começou a rir.

— Assim que gosto de te ver — disse. — Às vezes, quando aqui estou e você não aparece, escuto suas risadas e meu coração se aquece. Ter você comigo é uma bênção! Às vezes me pergunto, por que Deus é tão bom comigo. Já ia me esquecendo de lhe falar! Sabes aquela senhora que nos trouxe as três meninas? Agora também mora em nosso lar. Ela precisa de companhia e ajuda, e Toninha também precisa de ajuda para cuidar das crianças. Então ela está morando conosco e ambas estão se ajudando.

— Agora tenho de ir — disse Vida — já fiquei mais do que devia, mas você sabe que voltarei. Beije as crianças por mim. E, assim dizendo, foi embora, rápida como o vento. Eu fiquei ali sentado, pensando na importância dela na minha vida. Se ela não aparecesse mais, e apesar de amar demais as crianças, não poderia viver sem ela.

Depois desse encontro, dez anos se passaram, e pouca coisa de diferente aconteceu. O *marchand* nunca mais me procurou. O padre sempre levava os meus quadros e os vendia a fazendeiros abastados. Com esse dinheiro, fui reformando a casa e até aumentando a ferraria. Agora, João e Pedro trabalhavam comigo, menos na hora do estudo. Alice ficou uma bela moça, cada vez mais apegada a João. Toninha se preocupava com isso, dos rapazes da cidade, Alice nem queria saber. Quando íamos à missa, eles a galanteavam, mas ela se esquivava, dizendo ter muito o que fazer. Minha pequena Vida já não era tão pequena. Ia fazer onze primaveras e era o sol de nossas vidas! Estava sempre sorrindo, era meiga e adorava flores, como Alice e Vida!

As outras crianças (para mim nunca deixaram de ser) estavam bem encaminhadas. Estudavam de manhã e à tarde cuidavam do pomar, da horta. Os meninos cuidavam dos cavalos que ao longo desses dez anos adquiri.

João era o que fazia a contabilidade da ferraria. Pedro entrava em contato com os habitantes de outras cidades, lhes falando de nossos serviços. Ele adorava esse serviço! Às vezes, dizia que teria de passar a noite em outra cidade, mas Toninha o cortava, dizendo que, se saísse bem cedinho, teria tempo de voltar no mesmo dia. Meus sogros estavam um pouco cansados. Já não iam a nossa casa com a mesma precisão. Agora eram os meninos que lá iam. Eles os adoravam, chamando-os de avós. Minha Vida eu sempre encontrava, só brincava com ela que eu estava envelhecendo e ela permanecia no frescor da idade. Brincava, dizendo que quando fosse já idoso ela desapareceria de minha vida. Ela ria, dizia que aos seus olhos eu nunca mudaria. Seria sempre seu galante príncipe, que um dia tentou salvá-la, segurando o cavalo pelas rédeas; e assim fomos vivendo.

Até que nos surpreendemos com o que estava acontecendo. João, certa noite, chegou em casa trazendo pelo braço uma mocinha da cidade. Disse ele que era uma amiga, mas, pela atitude de levá-la em casa para nos apresentar, achamos que era mais do que isso. O mesmo pensou Alice. Fechou-se em seu quarto e, depois daquela noite, quase não falava e não comia. Chamamos o doutor, pois ficamos preocupados. A tez estava pálida e nem forças para levantar do leito parecia que ela tinha. Toninha chorava pelos cantos. Não queria mais uma perda na sua vida. Dizia ela que, se alguém tinha de ir ter com Deus, que ele escolhesse ela. O doutor, depois de muito examiná-la, quis ter comigo uma conversa reservada. Pensei logo no pior, então fiquei assustado. Não queria perder minha menina, eu a amava demais. Mas fiquei espantado com o que ele disse:

— Sua menina está doente de paixão. Disse que sua vida não importa mais. Dela ninguém mais precisa, principalmente João. Contou ela que ele tem namorada e dali a pouco estariam casados e ela não queria viver para ver. Sinceramente, não entendi nada! Sei que vivem grudados, mas também sei que são irmãos!

Agradeci ao doutor a visita, peguei a receita onde ele tinha prescrito umas vitaminas e encaminhei-o à porta de casa. Fiquei pensando no que estaria acontecendo. E como faria para desvendar tudo aquilo. Fui conversar com Toninha e falei-lhe do que o doutor tinha dito.

— Eu já esperava por isso — disse ela — talvez os dois, antes desse acontecimento, não tivessem se dado conta, mas eu já tinha percebido o amor de Alice por ele. Não falei nada, porque poderia estar enganada. Eles são irmãos e colados desde pequenos, só poderia ter amor entre eles. O que faremos agora? É uma situação delicada que teremos de resolver.

— Cuide dela, não fale nada sobre isso, que vou ver se encontro alguém que tenha uma opinião formada.

— Vais ao encontro de Vida? — perguntou Toninha.

— É o que consigo pensar agora. Sei que ela dever estar sabendo de tudo e tenho certeza de que sabe a resposta!

Deixei Toninha tomando conta de Alice e fui esperar Vida. Tinha certeza de que apareceria; as crianças precisando, ela nunca faltaria. Fiquei sentado na relva como sempre, encostado na árvore, absorto, quando a vi chegar. Linda como sempre! Seus cabelos esvoaçando ao vento, como na primeira vez que a vi. Saltou do cavalo e veio em minha direção correndo. Abraçou-me fortemente, dizendo:

— Alice precisa de ajuda.

— Por isso que estou aqui! — disse — ela está acamada, sem forças para nada, e o doutor veio com uma conversa de que ela está apaixonada.

— É verdade, Daniel! Eu já esperava por isso. Bastava um acontecimento, para os dois darem conta disso.

— Mas eles são irmãos! – disse.

— São como irmãos — respondeu ela. — A única maneira de não ficarem juntos é se João não tiver o mesmo interesse nela, mas isso não se passa, na verdade. O que está acontecendo é que na cabeça de João eles são irmãos realmente. Ele sofre! Está apaixonado por ela, mas pensa ser pecado, pois foram criados como irmãos. Daniel, é uma situação delicada, tens de saber falar com eles em separado e depois os unir para sempre.

— Uni-los para sempre, como? Vida, estás pensando em unir João e Alice em matrimônio? Nós os criamos como irmãos, e é assim que todos na cidade os recebem.

— Terão de os receber diferente! Se o amor mais forte os uniu, por acaso não foi. Eles já estavam predestinados um para o outro. Eles já tinham uma história anterior, e só vão completá-la nesta vida. Se os separarmos, haverá muito sofrimento e Alice poderá até desencarnar, sem viver esse amor que lhe foi prometido.

— Como faço? — perguntei a ela. — Não sou o mais indicado nessas coisas de relacionamento.

— Com Alice não é preciso falar nada! É em João que terás de separar o amor de irmãos e transformá-lo numa linda união de amor. Diga o que acabei de lhe falar. Eles já estavam predestinados um para o outro, e pecado será se não tentarem viver felizes esse amor que a vida lhes dá. Fale com ele, Daniel! E depois os traga aqui. Abençoarei a união deles. Dê um abraço em Toninha e nos nossos outros filhos!

E, assim falando, foi embora a galope, como sempre fazia. Não voltei para casa, fui direto para a ferraria. João estava trabalhando, e lá era o melhor lugar para falar sobre Alice. Quando cheguei, ele estava a falar com José. Falava da nova amiga e como ela o ajudava nas escritas. Entrei já perguntando:

— Estás apaixonado por ela? — ele levou até um susto.

— Pai! Não o ouvi chegar! Como está Alice? O que o doutor falou? É grave?

— Calma! — disse. — Não é nada que não passe com uma boa dose de amor. A propósito, não respondeu a minha pergunta! Estás apaixonado por sua amiga?

Ele abaixou a cabeça envergonhado, respondendo:

— É apenas uma amiga, tem me ajudado muito nas escritas, mas não estamos namorando, nunca falamos sobre isso. Ela é apaixonada pelo rapaz que ajuda o padre na igreja. Só a levei em casa porque a considero minha amiga.

Fui até ele e o abracei.

— João, vamos dar uma saída, é quase hora do almoço e tenho certeza de que José não vai se importar.

— Lógico que não! — disse José — pegando o serviço que João estava fazendo. Deixa que eu termino isso. Vá com seu pai conversar um pouco, que seu padrinho faz seu serviço.

João começou a rir, e saímos dali abraçados. Peguei minha montaria e ele a dele e cavalgamos lado a lado.

— Pai, o que está acontecendo? Alice está acamada e o senhor quer ter comigo uma conversa! O que foi que eu fiz? Só não fiquei ao lado de Alice porque precisava trabalhar. E sei também dos cuidados de Toninha, que não deixará nada acontecer com ela.

— Vamos arredar daqui, sentados na relva conversaremos melhor sobre isso.

E fomos a galope até o local em que me encontrava com Vida. Estávamos exatamente sob a árvore onde sempre a esperava. Ali eu teria mais força e encontraria, com certeza, as palavras certas.

— Sente-se, João! Aqui ficaremos tranquilos. Poderemos conversar sem que ninguém nos interrompa.

— Estou ficando preocupado, pai. O senhor nunca me chamou para falar sério. Nem quando comecei a trabalhar! Comecei como se estivesse brincando e aprendi o ofício de ferreiro.

— Filho, quero hoje contar a você uma linda história de amor. Conheces Vida, sabes que sempre a encontro, e vocês quando pequenos sempre a viam. Sempre perguntaram por que não vivíamos juntos. Sempre dei a desculpa das muitas viagens e como ela não poderia morar conosco. Vocês cresceram amando-a e tendo contato permanente com seus avós, que são os pais dela.

— Pai! Sei de tudo isso. Nunca consegui entender direito, mas cresci aprendendo a amá-la, como meus irmãos também, por intermédio do senhor. Aprendemos a vê-la sempre nos campos e nunca em nossa casa ou na de nossos avós. Ela foi embora para nunca mais voltar?

Aí eu me embaralhei todo. Tinha de lhe falar de Alice e estava falando de mim. Mentalmente pedi auxílio a Vida, para que me ajudasse nesse momento. Deitei na relva e ele fez o mesmo.

— Estás vendo aquela imensidão que é o céu? — perguntei. — É lá que Vida mora. Vocês, quando pequenos, não entenderiam, mas agora, já adultos, prestes a formar família, têm o direito de saber de tudo.

E assim lhe contei como aconteceu e como minha vida mudou desde que ali cheguei. Contei-lhe, com todos os detalhes, até como virei um pintor. Disse como a amava e como ela tinha trazido as crianças para formarmos a família que eu tanto sonhava.

— Vocês, João, foram bênçãos em nossas vidas!

Quando olhei para o João, ele estava com os olhos transbordando em lágrimas, e perguntou:

— Como pode ela viver lá em cima e vir falar com você e cuidar de nós todos, pai! Se ela fosse espírito, como o padre diz, seria um fantasma e o lugar teria de ser exorcizado para ela descansar em paz.

— Isso é o que o padre diz, mas não é o que acontece na verdade. Ela desencarnou, mas tem todo o direito de cavalgar por essas paragens. Acho que era para nos encontrarmos e podermos cuidar de todos vocês. Sei que é difícil de entender, mas quando dois seres estão predestinados, mais cedo ou mais tarde, independentemente de qualquer circunstância, juntos viverão. Eu assim aceitei. Às vezes meu peito arrebenta de saudades por não poder tê-la a todo instante, então eu sofro. Mas, quando chego em casa e vejo vocês, que foram trazidos por ela, agradeço a Deus por ter me dado tantos momentos bons. Se amamos alguém de verdade, se for um amor puro, com certeza é abençoado por Deus. João começou a chorar, que estremecia. Deixei-o desabafar e o coloquei junto ao meu peito. Estás sofrendo, João.

O que está acontecendo? Sabes que mais que um pai, tens em mim um amigo.

— Pai, estou confuso. Nem consigo dormir direito. Tenho um amor no peito que me é proibido.

— Alice? — disse.

— Como o senhor sabe? Nunca falei nada para ninguém. Nem para o meu padrinho, a que faço muitas confidências.

— João, Alice o ama tanto quanto você a ela. Por que não veio falar comigo sobre isso?

— Porque é pecado, pai! Alice é minha irmã! Deus não abençoará nós dois, se ficarmos juntos!

— Vocês, na verdade, cresceram juntos, mas como a mãe de vocês disse: "Os dois viveram colados, não foi por acaso. Vocês estavam predestinados um para o outro".

— O senhor permite? Não estaremos em pecado? E o que dirá o padre? Com certeza, nos fará um sermão.

— João, vocês são nossos filhos de coração. Nunca deixarei que ninguém os magoe, nem que seja um padre. Agora vamos para casa contar a novidade para Alice. O doutor disse que a doença dela é paixão recolhida. Ficou com ciúmes de sua nova amiga e não via mais sentido em viver. Vamos primeiro falar com Toninha. Depois, todos juntos, falaremos com Alice. Já falei com Vida. Ela quer que, depois de tudo resolvido, os traga aqui para abençoar a união de vocês. Só uma coisa, João: o que lhe falei sobre sua mãe tem de ser um segredo nosso. Aos poucos, quando houver necessidade, vou contando aos outros. Como você mesmo disse, não quero que a pensem fantasma. Ela é só um espírito de luz, com direito a essas viagens.

Abraçamo-nos apertado e fomos montar em nossos cavalos em direção a casa. Toninha ficou radiante de alegria! A união de seus meninos maiores lhe dava a certeza de dever cumprido. Alice se debulhou em lágrimas e dizia saber do amor por João desde pequenininha.

Seis meses se passaram. Foi tempo suficiente para preparar a surpresa. José estava encarregado da festa de noivado. Pedi que preparasse as bandeirolas e encomendasse os quitutes nos melhores fazedores da cidade. Não queria que Toninha tivesse mais trabalho, bastava ela cuidar dos meninos. Dona Margarida era uma pessoa calada, mas de muita ajuda para Toninha. Encarregou-se da cozinha e preparava quitutes que os meninos adoravam. Mas pedi a José que se encarregasse de tudo, porque seria uma festa surpresa para João e Alice.

Alice e João eram só alegria. Seus irmãos, felizes com a felicidade deles, compartilhavam de tudo em segredo. Graças aos céus, dinheiro não faltava. Agora me dedicava mais à pintura do que à ferraria. Aos poucos, João foi me substituindo, até eu pouco ir até lá. Os outros meninos cuidavam dos cavalos, quando não estavam na escola. Quando, por qualquer motivo, tinha de levá-los à ferraria, ficavam lá até tarde. Parecia que todos gostavam do mesmo ofício. Mas voltando à festa...

O grande dia se aproximava. Pedi a Toninha que fosse com as meninas à cidade e comprasse o que mais lhe agradasse. Era um sábado ensolarado. A casa amanheceu com cheiro de festa. Disse a João e Alice que teríamos de sair cedo, pois tínhamos compromisso acertado. João sabia que era o encontro com Vida, mas Alice tudo ignorava. Ela se aprontou e estava linda! Seu vestido rosado, enfeitado com fitas de seda e babados plissados, lhe dava ar de princesa. Peguei a charrete e fomos os três ao encontro. Antes, pisquei o olho para Pedro, era o sinal para começar a enfeitar a festa. Alice se tornou uma linda moça! As faces rosadas e a alegria estampada no rosto eram um bálsamo para as minhas dores. Ela tinha colocado um chapéu rendado, que emoldurava mais ainda o seu rosto. João estava compenetrado, guiava a charrete como estivesse se encaminhando para a igreja. Chegamos ao local do encontro. Quando desci da charrete, dei a mão a Alice para descer também, e ela logo perguntou:

— Pai, é aqui o encontro? Será que é quem estou pensando? Minha felicidade seria completa se nossa mãe viesse ao nosso encontro.

— Ela virá! Prometeu e sempre cumpre suas promessas, mas, enquanto a esperamos, quero lhe contar uma história de amor que já contei a João. E assim, todos sentados na relva, repeti a mesma história que João já sabia. Quando acabei de narrar, Alice chorava copiosamente. Não queria acreditar que Vida, sua mãe de coração, era um espírito!

— Pai! Não pode ser! Ela está viva! Eu sempre falei com ela. Quando brincava no riacho ou quando brincava com meus irmãos e me escondia por entre as árvores, muitas vezes a peguei nos observando. Como se tomasse conta para nada nos acontecer, mas nós a sabíamos muito ocupada. Sabíamos que sempre viajava para longe da fazenda. Agora o senhor me diz que ela não existe! Ser espírito significa que já está morta! Não acredito que seja verdade! E, assim falando, chorava copiosamente.

— Filha, compreenda. A vida é um mistério, dos desígnios de Deus nada sabemos. Só sei que Vida é real em minha vida.

Foi junto com ela que criei vocês. E, agora mesmo, a pedido dela, estamos aqui.

Nisso, ouvi um cavalgar. Era Vida que chegava.

— Daniel! — levantei da relva e corri ao encontro dela.

— Vida, trouxe as crianças, como você pediu. Alice está triste, chorosa, porque lhe contei a nossa história.

— Como meus pais, eles saberão de minha presença, mas só quem pode ainda me ver como você é a pequena Vida. Mas vamos até eles, lhes falarei por seu intermédio.

E assim aconteceu. João logo quis saber por que não a viam. Ficou tristonho, mas por pouco tempo. Eu lhes falava por ela. Ela os abençoou, lhes falou de seu amor e que nunca estaria longe deles. Queria que fossem muito felizes e que tivessem muitos filhos abençoando a união. Nisso, ela me pediu para que os dois se ajoelhassem e trocassem as alianças que eu trazia guardadas no bolso. Quando assim o fizeram, caiu sobre eles uma chuva de pétalas de rosa. Ali ficou para eles a comprovação de que Vida era um espírito, mas os amava como filhos. Vida se despediu emocionada. Foi a primeira vez que a vi ir embora sem cavalgar rápido. Eu estava muito emocionado e, de repente, levei a mão ao peito e caí sentado na relva.

— Pai! O que houve! — perguntaram os dois me abraçando.

— Não foi nada demais — respondi. Esse seu velho pai não aguentou tanta emoção, mas não falem nada com Toninha. Hoje é dia de noivado e não de caras tristes, por preocupação, por nada.

Os meninos me ajudaram a levantar e fomos para a charrete. Em casa, com certeza, já estaria tudo pronto. Fomos embora deixando a relva coberta de pétalas. No meio delas dois lugares vazios indicando que alguém dali saíra.

Chegamos logo em casa. Alice, quando viu tudo enfeitado, bateu palmas igualzinho como fazia em pequena quando estava feliz com alguma coisa. João a ajudou a descer da charrete e logo todos saíram de casa, juntamente com o sanfoneiro contratado por José. A alegria era geral. Abracei Toninha e lhe falei da bênção dada por Vida. Fiz o mesmo com meus sogros. Queria que eles soubessem que em tudo havia a presença viva de Vida. A festa foi animada. Uma mesa comprida foi colocada do lado de fora da casa, ornamentada, e variados quitutes estavam sobre ela. As irmãs pajeavam Alice, dando a certeza de seu amor por ela. Pedi a José que convidasse os amigos da cidade. Todos compareceram. A festa estava animada! De repente, como sempre, chega esbaforido o padre.

— Daniel! Saíste de casa hoje? Foste naquela árvore onde sempre o encontro?

— Calma, meu padre. Assim o senhor terá uma síncope! Do que está falando? É melhor o senhor sentar primeiro, beber alguma coisa, para depois começar a rezar.

— Não estou para brincadeira, Daniel! Não vim aqui fazer sermão nem oração. Vim aqui para festejar, mas passei agora mesmo perto daquela árvore onde você fica horas e horas sentado e vi uma coisa muito estranha. O chão estava coberto de pétalas de rosa e, no meio dele, só a relva vazia, como se alguém estivesse ali quando elas caíram.

Fiquei calado sem saber o que responder, mas Toninha, que a tudo assistia, veio em minha ajuda falando para ele:

— Sua bênção, padre. Escutei o que estavas a falar com Daniel, mas, se o senhor que lá esteve não sabe como aconteceu, como saberá Daniel, que está aqui na festa dos filhos?

O padre coçou a cabeça e saiu resmungando "muito estranho... muito estranho...". Dei um beijo em Toninha e fomos ver se estava tudo em ordem.

Foi uma noite maravilhosa. Dona Margarida foi de grande ajuda. Estava em todos os lugares possíveis, fazendo com que todos fossem bem servidos. Era a primeira grande festa dada naquela casa. Meus sogros cedo se retiraram, pois a idade avançada não lhes permitia tamanho cansaço. Toninha estava feliz como nunca. Depois que todos se retiraram e os meninos foram dormir, ficamos só nós dois a conversar, como sempre fazíamos. Lembramos de quando eram pequenos, e Alice de João não desgrudava. Como disse Vida, já era destino planejado. Ficamos a conversar até o amanhecer. As lanternas da festa já estavam todas apagadas, indicando que precisávamos dormir.

Daquele dia em diante, não se falou em outra coisa. Era assunto de festa para todo lado, e Toninha, com as meninas, ensinando os bordados. Toninha queria enxoval de princesa. Quando eu chegava em casa, eram peças de fazenda para todo lado. Quando eu estava no ateliê (pois o construí no segmento da casa), escutava as risadas das meninas. Toninha as ensinava e elas o faziam como se fosse uma brincadeira. Eu já tinha conversado com Toninha. Tínhamos no banco depositado mais do que o suficiente para comprar para eles uma modesta casinha. E logo fui falar com João e Alice. Teríamos de ir à cidade ver se alguma conseguíamos. Seria melhor para o João. Não teria de se deslocar muito para ir trabalhar. Para minha surpresa, recusaram de imediato. Não queriam se afastar de nós, vivendo isolados na cidade. Ali eram felizes e, como disseram, não seriam felizes vivendo longe de nós. Nesse mesmo dia que lhes fiz a proposta, apareceram lá em casa os pais de Vida. Vieram oferecer ao casal moradia. Disseram estar velhos, e eles seriam uma ótima companhia. Alice não respondeu de pronto. Olhava sério para João, esperando que ele desse a resposta certa. Eu fiquei calado, também esperando. Ir lá morar ou não dependia deles. Eu não podia resolver nada. Era a vida deles. Mas meu coração ficou apertado. A fazenda era um pouco longe e Alice era colada em mim. João agradeceu — lhes dando um beijo, respondendo que a proposta era abençoada. Mas, como já tinha me dito, não queria se afastar de casa. Meu sogro, então, deu logo a solução:

— Vamos construir uma casa, ali perto das árvores. Eu contribuo com uma parte do dinheiro para levantar a casa.

João o abraçou fortemente e a mãe de Vida ficou cheia de lágrimas nos olhos. Depois da partida de Vida e da viagem dos outros filhos, a alegria deles eram essas crianças, principalmente Alice, Pedro e João, que foram trazidos por Vida. Comemoramos a solução dada por ele. Fomos logo lá para fora, para medir o terreno a ser aproveitado. Logo a construção estava sendo feita. Os céus ajudaram, me dando inspiração e continuando a vender meus quadros. Agora Pedro também se encarregava disso. Quando ia oferecer serviços da ferraria nas cidades próximas, aproveitava para vender meus quadros. Contratamos pedreiros da redondeza, que não cobravam muito e faziam um serviço perfeito. Nos fins de semana os meninos ajudavam, com João no comando os orientando. Em seis meses, a casa ficou pronta. Parecia uma casa de boneca. Toninha fez, para as janelas, cortinas rendadas, e João as pintou de amarelo bem claro. Os meninos fizeram, no correr da entrada, dois lindos jardins. Pedro, cada vez que chegava das viagens, trazia algum enfeite para a casa.

Quando tudo estava pronto, fomos falar com o pároco. Teriam de correr os papéis para o casamento, mas documentos, mesmo, só Alice os tinha. Uma certidão amassada que veio junto com sua roupa, quando foi deixada por sua mãe na entrada da cidade. Mas João, que com Pedro apareceu como perdido, nada trouxe de seu. E documentos, mesmo, só os que foram arrumados na escola. Foi assim que Pedro e João se tornaram meus filhos, com meu sobrenome. Sobrenome que eu tinha tanto orgulho e queria deixar como herança aos meus filhos. Assim os registrei e dei entrada na papelada. Logo fiz o mesmo com os outros, culpando-me por não ter feito há mais tempo, quando eram crianças. Mas, no fundo do coração, eu sempre temi que, de repente, aparecessem seus pais e os levassem com eles. Então, eles foram ficando sem que eu tivesse providenciado tal documento. Só a certidão de batismo dada pelo padre todos tinham, guardada comigo.

E assim chegou o grande dia: João foi se arrumar na fazenda dos avós e Alice ficou em casa, sendo ajudada pelas irmãs. A pequena Vida era a mais entusiasmada. Estava linda naquele vestido rendado. Toninha a enfeitou com flores no cabelo, parecia um anjo saído de minhas telas. Alice estava linda! Quando ficou pronta e chegou à porta de casa, emocionei-me muito, levei a mão ao peito e tombei, já vendo tudo escuro. Acordei com as meninas chorando e um frescor em minha testa. Pensei ser Vida, com o lenço molhado com as águas do riacho, mas, quando abri os olhos, vi que era Toninha que cuidava de mim. No seu rosto, a preocupação era aparente.

— Daniel! Que sentes? — perguntava ela.

— É só emoção — respondi.

Vida, minha vida 143

E fui me levantando, pedindo que ninguém ficasse triste. Disse que já estava bem e não devia mais existir preocupação. As meninas me abraçavam, me apertando, perguntando onde doía. Os rapazes, que quando passei mal já estavam em seus cavalos, agora me rodeavam preocupados, dizendo que a cavalo eu não poderia ir. Diziam que eu teria de ir com a noiva na charrete e, depois que passasse o casamento, me levariam ao doutor. Repliquei dizendo estar muito bem, que não precisava tantos cuidados comigo. Apressei-os, dizendo que íamos perder a hora marcada para a cerimônia do casamento. Foi aí que vi Alice sentada no chão, maculando aquele vestido tão branco! Ajudei-a a se levantar e ela me abraçou chorando.

— Pai, não é a primeira vez que passas mal. Se não me prometeres ir ao doutor, não arredarei o pé daqui.

— Deixe de bobagens — disse — como da outra vez, me recuperei rápido. Mas lhe prometo que me cuidarei. Irei amanhã mesmo me consultar com o doutor. E as prescrições que ele fizer, acatarei direitinho. Agora vamos embora, senão João aparece aqui.

E assim chegamos logo à cidade.

José mandou enfeitar até em frente à igrejinha. Alice era sua afilhada e tinha dele o maior dengo por ela. Quando nos aproximamos, os sinos começaram a repicar. Controlei minha emoção. Não queria estragar o grande dia de meus filhos. Toninha estava cabreira. De vez em quando, a olhava e via que ela não desgrudava os olhos de mim. Apesar de estar feliz, eu via em seus olhos a preocupação pelo que acontecera. Foi uma linda cerimônia! A pequena Vida tinha ensaiado direitinho com Toninha. Ia abrindo caminho para a noiva, jogando pétalas no chão. Atrás de Alice vinham as irmãs, segurando a cauda de seu vestido de noiva. João esperava no altar com Pedro e os avós. Estava todo empertigado em seu terno riscado com um cravo no peito. Pedro era a alegria estampada. A igrejinha estava cheia. Da cidade, todos foram convidados. Como era uma cidade pequena, todos se conheciam, e não era de bom-tom deixar alguém fora da lista de convidados. Até porque o padre já tinha convidado a todos no último sermão de domingo. Ele aproveitou o momento e falou sobre as crianças abandonadas. "Nem todos têm a sorte de encontrar uma família formada, que os acolha com amor", e seguiu falando por mais de uma hora. José até brincava, dizendo que o padre não acabaria, porque havia perdido o fio da meada. Pedro ria, esquecendo onde estava. Dei um pito nos dois, pedindo que fizessem silêncio. Dali a pouco, o pároco os estava abraçando. Também ele estava emocionado. Sabia que foram crianças largadas pela família e honra lhe seja feita: sempre se preocupou, dando ensinamentos e me ajudando a criá-los. Fomos todos para a fazenda dos pais de Vida. Lá tinha sido organizada a festa. Os avós providenciaram tudo, não permitindo que eu gastasse nada. Foi assim que conheci os irmãos de Vida. Todos tinham vindo para o casamento. Mais que um convite, foi um ultimato que seus pais fizeram. João e Pedro eram seus netos trazidos por Vida, e Alice, a primeira a aparecer levada por ela. Eles tinham carinho por todos os meus filhos, mas era visível a afeição que tinham por esses três. Às vezes, era até motivo de ciúmes. Os irmãos reclamavam que não tinham dos avós a mesma atenção. Os irmãos de Vida eram muito amáveis. De minha história pouco sabiam. Só lhes foi contado que eu morava com Toninha e tinha nove crianças adotadas.

A festa foi até a madrugada. O sanfoneiro, já cansado, tinha exagerado um pouco na bebida e dormia com a sanfona agarrada nos braços, como se ela fosse uma pessoa. Graças aos céus, terminou tudo tranquilo. Dormimos todos na fazenda aquela noite. Alice e João, depois da valsa, foram para a casa nova. Passaram pelo cordão humano que os convidados formaram, recebendo uma chuva de arroz. Agradeci, naquela hora, a Deus, pedindo que lhes desse muito amor e fartura. Toninha já era cansaço visível. Despedimo-nos do restante dos convidados e nos recolhemos. O dia seguinte seria árduo. Tínhamos de limpar toda a fazenda e organizar tudo para levar aos dois moços a pilha de presentes que lhes foram dados.

CAPÍTULO 3

O tempo passa rápido!

Logo tudo tinha ficado longe, seis meses já tinham se passado. Como sempre, estava eu sentado sob a árvore esperando por Vida. Não era a primeira vez depois do casório. Sempre nos encontrávamos, nem que fosse por uma hora. Mesmo depois de dias ou semanas, eu sempre comparecia ao local do encontro. Tudo tinha voltado ao normal. Alice e João não viviam mais em nossa casa, mas moravam tão perto, que, de fato, continuávamos todos unidos. Como prometi aos meus filhos, fui procurar o doutor. Ele ficou preocupado e me pediu uma série de exames.

— É cansaço — disse — minha saúde está boa. Só preciso de uns dias de descanso.

Mas ele não acreditou em mim e tive de fazer os tais exames. O resultado não foi do agrado dele. Meu coração estava com batidas descontroladas, o que significava que não estava em perfeito estado. Receitou-me uma série de remédios e disse que eu teria de ir sempre consultá-lo. Queria acompanhar meu estado. E teria de verificar sempre minha pressão. Pedi que guardasse segredo. Não queria que ninguém ficasse preocupado. Logo eu iria ficar bom e não valia a pena que eles soubessem. Quando contei a Vida, ela ficou preocupada e me fez prometer que iria me cuidar, pois muitos dependiam de mim. Brinquei com ela dizendo:

— Se algo me acontecer não será de todo ruim. Irei me juntar a você e viveremos juntos para sempre.

Ela se alterou, como nunca tinha visto.

— Pare com isso, Daniel! — disse ela. — As coisas não são bem assim. Não penses que, se fizeres a passagem, ficarás comigo! O que está escrito, está escrito! Não podemos planejar o que não sabemos. Hoje estamos juntos, mas se fores só espírito não sei se poderemos caminhar juntos. Então, trate de se cuidar! Nem pense em ficar doente, pedindo que a morte venha o visitar!

Ela me abraçou chorando. Não entendi a dor do momento. Só mais tarde fui entender, muito mais tarde...

Eu ficava horas e horas em meu ateliê. Quase não ia à cidade. Os meninos tomaram conta de tudo. Não precisavam mais que eu os orientasse. À noite, em vez de só conversar com Toninha, ficávamos todos em frente à lareira. Ali cada um contava como tinha sido seu dia. E, se algum acontecido se desse, nós ali mesmo resolvíamos. Meu filho mais novo resolveu ajudar nas missas. O padre era seu grande aliado. Sempre que ele precisava de algum conselho, em vez de vir a mim, primeiro procurava o padre. Eu não me aborrecia com isso, sabia que ele estava em boas mãos. Mas Pedro, cada vez mais, nos escapava. Gostava de viajar e não ficava um momento parado. Agora, já moço feito, Toninha não conseguia mais segurar as rédeas. Quando resolvia que ia dormir em outra cidade para voltar só no fim de semana, antes que Toninha dissesse alguma coisa, ele a abraçava e saía dançando com ela. Logo ela estava rindo e aceitando as desculpas dele para pernoitar fora.

Um dia estava eu a pintar quando senti a mesma pontada no peito. Sentei num banquinho e comecei a rezar. Pedi a Deus que não me levasse. Como dissera Vida, ainda tinha os meus pequenos, que precisavam de mim. As palavras dela não saíam de minha mente. Agora tinha medo de morrer e perder o contato com ela. Coisa que nunca imaginei. Pensava que, se a morte batesse em minha porta, seria uma bênção. Iria para toda a eternidade cavalgar com Vida. Fiquei ali um pouco sentado, depois fui pedir a um dos meninos, que estava a cuidar dos cavalos, que me acompanhasse até a cidade. Não revelei de pronto aonde iria. Disse para Toninha que precisava de material para as minhas telas. Quando chegamos à cidade, pedi ao meu filho que fosse ter com João na ferraria. Com certeza, eu não iria me demorar, eram só umas comprinhas. Fui direto ao doutor. Ele me examinou e tirou minha preocupação. Disse que, dessa vez, era cansaço de fato. Uns dias parado e logo eu ficaria bom. Fiquei mais tranquilo e fui ter com os meninos. Fiquei a conversar com José, coisa que há muito tempo não fazia. Aproveitei para contar a ele sobre meus planos.

A cidade estava crescendo, e eu queria adquirir um lugar onde pudesse colocar meus quadros em exposição para vender.

As meninas tomariam conta. Precisava dar a elas um ganho certo. Se um dia eu faltasse, teriam de onde tirar seu sustento. A ferraria era lucro certo, mas as bocas para comer eram muitas. José, como sempre, logo aprovou minha ideia, e saímos logo para procurar o tal lugar. Ele sabia de um espaço perto da igrejinha que fora construído para alugar. Fui conversar com o dono e, em vez de alugar, comprei-o de fato. Seria para vender os meus quadros e os diferentes objetos que Pedro trazia de suas viagens. Depois de tudo acertado, fui conversar com os meninos. Eles adoraram a ideia e começaram a fazer planos comigo. Essa era a família que eu tinha e agradecia todos os dias a Deus por isso. Quando chegamos em casa, expusemos nosso projeto. Toninha era a mais interessada, queria já ir até a lojinha para arrumar os meus quadros. Ela sabia que eu os tinha em quantidade e ficava preocupada porque eu os empilhava sem cuidados. No dia seguinte, pegamos a charrete e transportamos o que era preciso. Na ferraria havia um balcão que usaria para atender os fregueses. Toninha foi conosco. Ela se encarregaria de dar vida à lojinha. A pequena Vida ia agarrada aos quadros para amortizar os solavancos. Parecia de novo uma festa. Alice falava em colher muitas flores, era um grande acontecimento. Deixei que se encarregassem de tudo sempre com a orientação de Pedro. Aos poucos, todos iam tendo uma ocupação. Com sua educação, eu não me preocupava nem um pouco, eram todos bons meninos. Deus tinha me abençoado com uma linda família!

Agora quase todos trabalhavam. Dividiam-se entre a ferraria, a lojinha e cuidar do que já parecia uma fazenda. O curral, agora cheio de cavalos, exigia atenção especial, mas isso não era problema, eles adoravam cuidar dos animais. Saíam a galopar com eles e a alegria era visível em seus rostos. De vez em quando, eu também tratava deles. Quando cheguei à cidade procurando trabalho, a primeira coisa que disse foi que sabia cuidar de animais. Quando não estava pintando, me distraía vendo os meninos fazer o serviço. Toninha, de vez em quando, ia até a lojinha dar opiniões e ajudar as meninas. Dona Margarida era cozinheira de mão cheia. E era a encarregada de suprir a casa de comida. A hora das refeições era um banquete. Era tanta comida que parecia que não iam dar conta, mas meus filhos trabalhavam tão bem quanto se alimentavam, e logo consumiam toda a refeição. Dona Margarida ficava lisonjeada. Pois, enquanto comiam, teciam de elogios à cozinheira. Isso fazia com que cada vez mais ela se esmerasse, e até o padre, de vez em quando, aparecia nas refeições, na hora certinha.

Tudo o que planejamos e fizemos deu certo. O pomar e a horta supriam quase em tudo a alimentação da casa. Os cereais, eu comprava em grandes sacos. Dinheiro nunca nos faltou. O ganho agora vinha de diversos lugares. A lojinha foi um sucesso. Era novidade numa cidade tão pequena. Pedro estava entusiasmado e até parou de dormitar em outras cidades. Saía bem cedo para a labuta, mas tinha pressa em voltar, pois sempre trazia alguma novidade para a lojinha. Já éramos vistos como uma família abastada. Sempre ajudava a igreja, que ajudava os necessitados. Nunca esqueci de como cheguei àquela cidade.

O tempo foi passando, as meninas tinham ficado belas moças. Já havia rapazes da cidade rondando, e pedi a Toninha que as orientasse. Tinha medo que se apaixonassem por qualquer um e viessem a sofrer depois de largadas. Naquelas nossas conversas à noitinha, também falávamos sobre Vida. Agora todos sabiam o que acontecia. Todos em minha casa. Da porta para a rua não saía. Era segredo em família. Até porque depois de tantos anos me ouvindo falar de Vida e não mais a vendo, pediam explicações e eu não queria que pensassem que Vida os abandonara. Só a pequena Vida tinha contato com ela. Às vezes a encontrava no riacho ou em alguma cavalgada. Mesmo pequena, a nossa Vida já cavalgava em seu potro. Corria com ele por aquelas paragens, e seu riso ecoava pelas árvores, dando vida às manhãs, até àquelas que amanheciam chuvosas. Eu ficava da porta de meu ateliê observando. Como se parecia com minha Vida. Era energia pura aquela menina! Até que um dia aconteceu um acidente.

Estava ela a cavalgar quando um tropeço num tronco a derrubou junto com o potro ao chão. Eu estava absorto a pintar uma tela, quando escutei um chamado. Ficava cada vez mais forte, e fui até a porta ver quem era. A voz vinha com o vento. E, para minha surpresa, era Vida me chamando. Peguei meu baio e saí a galope. Fui em direção ao lugar de nossos encontros, mas aí me distanciava do chamado e voltei, guiando meu cavalo pelo som trazido pelo vento. Era um lugar contrário aos nossos encontros. Eu estava assustado. Alguma coisa tinha acontecido. Meu coração disparava ao ouvir o chamado de Vida. Até que me deparei com uma cena em que quase não pude acreditar. Minha pequena Vida estava caída, desacordada, e o potro em cima de suas pernas. Pulei de meu cavalo gritando, pensando que ali ela jazia sem vida. Afastei o potro, que talvez tivesse quebrado a pata, e peguei a pequena Vida no colo.

— Vida! Olhe o papai. Acorde, meu anjo! — Eu a chamava desesperado. Ela nem abria os olhos, sua respiração estava ofegante. Foi aí que, com a cabeça dela de encontro ao meu peito, vi o sangue jorrando. Peguei-a no colo e segui em direção a casa. Eu chorava e a chamava, eu a chamava e rezava. Pedi a Deus que não a levasse. Era minha pequena Vida, tinha ainda muita estrada para andar. Pedi a Deus que me levasse em seu lugar, mesmo correndo o risco de nunca mais encontrar Vida. Cheguei em casa gritando! Pedindo ajuda, pois Vida talvez estivesse morrendo. Vieram todos da casa. Só Toninha tinha ficado estática na porta.

— Toninha! Ela caiu do potro e ele em cima de suas pernas — disse — também tem a cabeça quebrada e está desacordada. Os meninos tiraram a pequena Vida do meu colo e aí caí de joelhos extenuado. Tapei o rosto com as duas mãos e fiquei ali chorando desesperado.

— Pai! — Alice me sacudia. — Pare de chorar! Não devemos pensar no pior, agora temos é de providenciar a vinda do doutor. João está atrelando a charrete para levarmos a pequena Vida até lá. O senhor tem de resolver o que faremos! Esperamos ou a levamos? Pai! Reaja! Precisamos do senhor!

Mas aí senti uma pontada no peito e tombei desacordado. Quando de novo dei por mim, estava deitado em minha cama. Meu corpo todo doía. Minha cabeça estourava. Então eu me lembrei do acontecido e quis me levantar para ver a pequena Vida.

— Estás de repouso — disse Toninha — que bom que acordaste! Não precisas se preocupar, a pequena Vida está sendo examinada e cremos em Deus que não será nada grave.

— Como pude desacordar numa hora dessas! — disse. — Quando mais precisavam de mim, falhei!

— Nem pense nisso — disse Toninha — você estava muito cansado. A pequena Vida está crescida, e foi muito peso a ser carregado. Tome este remédio que o doutor receitou. Descanse mais um pouco e, quando o doutor terminar de examiná-la, peço aos meninos que o ajudem a ir até lá, mas enquanto isso fique aí quietinho, essa máquina que tens no peito está rateando, tens de azeitá-la com descanso, para funcionar bem de novo. Todos precisamos de você, és a nossa força. Nem penses em partir deste mundo, não vou gostar nada dessa brincadeira.

E, assim dizendo, Toninha beijou minha testa. Não era do feitio dela, apesar de estarmos sempre abraçados, mas senti aquele beijo como um bálsamo me dando forças para continuar em frente. Adormeci. Quando acordei de novo, a tarde tinha se ido. Chamei por Toninha. Queria ir até o quarto ver como estava a minha pequena Vida. Toninha logo atendeu. Vi em seu rosto grande preocupação.

— O que foi que aconteceu? — perguntei. — Minha pequena está no quarto ou o doutor a levou?

— Espere um pouco antes de fazer tantas perguntas.

E, assim falando, chamou os meninos para que me dessem ajuda, me levando até o outro quarto.

— Já me sinto bem — retruquei. — Agradeço a ajuda, mas posso caminhar sozinho. Não adiantou reclamar. Meus filhos me seguravam como se eu não soubesse caminhar. Quando cheguei à porta do quarto, me assustei! Minha pequena Vida jazia ali deitada, inerte, pálida, como lhe fugisse a vida.

— O que o doutor falou? — perguntei — Qual o tratamento a ser dado? Já providenciaste a compra dos remédios, Toninha?

Fui falando, me aproximando do leito e pude ver direito que sua cabeça estava enfaixada. As irmãs a rodeavam em silêncio. Parecia que rezavam. Não gostei nada daquela situação. Alguma coisa estavam me escondendo. Aproximei-me mais de minha pequena, osculei sua testa e senti o suor frio que escorria por ela.

— O que foi que falou o doutor? — tornei a perguntar.

Toninha levou os dois dedos aos lábios, pedindo que eu me calasse.

— Vamos lá para fora — disse — tem alguma coisa errada e quero agora saber. Não estou inválido, quero saber de tudo. Não me omita nenhum detalhe, seja o que for quero saber para tomar as providências necessárias. Se ela precisa de exames ou de outro médico, nós a levaremos até outra cidade.

— De fato vamos precisar — disse Toninha. — O doutor acaba de deixá-la e está muito preocupado. Quando o potro caiu, magoou suas pernas. Da gravidade, ele só saberá quando a pequena Vida de fato acordar e puder movimentar as pernas. Do contrário, teremos de levá-la a um grande hospital fora da cidade, onde tem especialista para esses casos.

— Ele quer dizer que há possibilidade de ela não mais andar? — perguntei já me alterando.

— Calma, Daniel! Todos estamos rezando a Deus para que tal coisa não aconteça. Faça agora o mesmo. Peça a ele que ouça nossas preces. Peça a Vida que seja mensageira desse pedido e que cheguem até o Pai as nossas preces. Toninha estava chorando. Abracei-a e choramos juntos. Meus filhos uniram-se nesse abraço e ficamos ali a pedir todos juntos.

Os dias custaram a passar. Eu não saía de perto da pequena Vida. Os poucos momentos longe dela eram um suplício, a casa estava silenciosa. O pároco veio visitá-la, mas saiu acabrunhado. Vida não despertava de seu sono. Perguntei ao doutor se não era melhor transportá-la para um hospital. Ele negou veementemente! Não queria removê-la dali, pois seu estado era muito delicado e o tratamento que receberia onde quer que eu a levasse seria o mesmo. Pedi desculpas a ele, eu estava aflito por ver minha menina sem esboçar um sorriso. Só seus gemidos ecoavam pela casa. Parecia que cada vez ela ficava mais fraca. O doutor ia vê-la quase todos os dias. Pedia que tivéssemos fé e paciência, que ela logo acordaria. Fiquei movido pela esperança. Alimento não passava em minha garganta. Toninha insistia, preocupada com minha saúde, mas, com certeza, nem ela conseguia comer. Pedi aos meus filhos que se encarregassem de tudo. A lojinha, a ferraria, a horta, os cavalos, tudo precisava de cuidados. Não foi sem insistência que saíram para trabalhar. Alice não arredou o pé. Disse que dali só sairia depois de passar o perigo. Era ela quem cuidava da pequena Vida, lhe dava banho de asseio, os remédios e conversava com ela, alisando os cabelos que emoldura-vam a atadura. Os dias eram longos, as noites intermináveis. Dona Margarida colocava o jantar, mas à mesa ninguém se sentava. De-pois de quase uma semana do acontecido, de manhã bem cedinho, ficou o galo a cantar bem embaixo da janela do quarto onde estava a pequena Vida. Ele não parava. Pedro disse que ia lá fora para dar uma corrida nele. Então escutamos uma doce voz.

— Pedro! Deixe ele. Ele é meu amigo. Todas as manhãs ele me acorda e eu respondo com um bom-dia.

Ficamos todos calados. Era a pequena Vida que tinha acordado do seu sono interminável. Foi alegria geral! Pedro foi o primeiro a correr para abraçá-la. E, pela primeira vez, choramos de alegria!

— Pai! Tô com fome! — disse a pequena Vida.

— Traga um banquete! Traga um banquete! — gritava Pe-dro, acordando o restante da família.

Logo estávamos todos reunidos, agradecendo pela vida da pequena Vida!

João foi logo à cidade atrás do doutor. Também foi procurar José e lhe dar a boa notícia. Mas ainda íamos chorar muito, pois o doutor, ao examiná-la, constatou que suas pernas não tinham movimento. Quando ele quis me falar em particular, temi sobre o que poderia ser. Nós todos esquecemos de que só quando ela acordasse o doutor diria o parecer sobre as pernas.

— O senhor tem certeza? — perguntei — Só examinando na cama, como podes ter a certeza disso?

Eu questionava, desesperado, e o doutor já estava se aborrecendo com isso.

— Não posso dizer que é definitivo — disse o doutor, mas no momento suas pernas não têm o mínimo de reflexo. Vamos até lá que lhe mostro.

Fomos até o quarto e ele pediu que todos saíssem. Precisava fazer um exame mais minucioso e não queria a pequena Vida distraída. Ficamos nós dois e a pequena; ele começou a lhe martelar o joelho e ela não sentia.

— Minha filha! Diga o que sentes! Fale com o doutor o que acontece com suas pernas!

— Nada, pai! Nada! Não sinto nada!

— Como nada? — gritei já fora de mim — Não sentes o doutor bater em seu joelho? Não sentes dor? Sei que és corajosa, mas podes reclamar. É isso que esperamos.

— Não sei o que acontece, pai, mas não consigo mover minhas pernas!

O doutor olhou para mim como se dissesse: acreditas em mim agora? Respirei fundo. Dei-lhe um tapinha nas costas, como se pedisse desculpas. Ele guardou seus instrumentos e disse que voltaria mais tarde, inclusive trazendo uma cadeira de rodas para a pequena Vida se locomover. Ele se despediu e foi embora. Ficamos ali mudos, eu e a pequena Vida. Logo como se adivinhasse meus pensamentos, Vida quebrou o silêncio perguntando:

— Pai, não vou mais andar? Como vou cavalgar ou ir pra escola?

Agora ela já chorava e eu junto com ela. Toninha, nesse momento, entrou no quarto e foi até ela dizendo:

— Não vais ficar sem andar muito tempo. O que aconteceu é que ficaste na cama dormindo muito tempo e suas pernas ficaram preguiçosas. Vamos mexer muito com elas, para dar força e ensiná-las como se anda novamente.

Vida deu um sorriso meio chocho e, mesmo sem vontade, acabamos todos rindo. Disse à minha pequena que teria de sair, mas não me demoraria, logo estaria ali.

— Vais encontrar com Vida? Ela está o esperando? Leve-me com você! Talvez ela possa fazer eu andar de novo!

Levantei-a do travesseiro e apertei-a no meu peito, dando-lhe um forte abraço. Não queria nem pensar que ela teria de passar o resto de sua vida em uma cadeira de rodas.

— Hoje vou sozinho — disse — mas prometo que logo, logo a levarei. E você ficará a correr pela relva fazendo estripolias enquanto a espera. Toninha, não a deixe só! Peça às meninas que fiquem a lhe fazer companhia.

Dei-lhe um beijo e fui embora. Precisava caminhar. Nem atrelei meu baio. O lugar de encontro era um pouco longe de minha casa, mas eu precisava pensar em todos os acontecimentos e a melhor maneira era caminhar comigo mesmo. Desde que adotei as crianças, não fui surpreendido com nenhuma fatalidade, só as doenças infantis, como chamam, que se instalaram em nossa casa. Fiquei a pensar em Vida. Será que a encontraria? Ela sempre me confortava nas horas de angústias e sempre tinha uma palavra que elevava nosso espírito. Nem senti que já tinha chegado ao local de nossos encontros. Fiquei encostado na árvore colocando todo o meu peso em seu tronco. Éramos velhos amigos. Ela, de mim, já tinha ouvido confidências mil. Tinha participado do primeiro encontro e da união de meus filhos. Quantas vezes a pequena Vida tentou subir em sua copa, mas desistiu, por ela ser mais alta, forte e majestosa. Acolhia-me nos dias de sol forte com a sombra enorme que fazia. Ali junto a ela já tinha chorado minhas mazelas, dormido e rido das graças de Vida. Ela guardava de minha Vida os momentos mais preciosos. Era uma confidente que sabia como guardar os segredos. Naquele momento, pensando nisso, lembrei que, mesmo na mudança de estação, nunca tinha visto seus galhos vazios. Ela estava sempre frondosa. Só as folhas mudavam de cor, como se ela trocasse de roupa. Acho que, como Vida, era uma árvore iluminada. Despertei do meu devaneio quando escutei um cavalgar. Fui correndo na sua direção, precisava dela mais do que nunca. Vida saltou do cavalo, antes que me aproximasse dela. Veio correndo ao meu encontro e ficamos um tempo ali, abraçados, na relva. Se pudesse nunca mais a largaria, a teria assim junto ao meu peito, como fiz com a pequena Vida. Ela passou a mão em meus cabelos e eu dei um profundo suspiro. O aperto no meu peito afrouxou e pude falar com ela.

— Sabes o que aconteceu, não sabes? Encontrei a pequena Vida por meio de seu chamado, se mais me demorasse e se mais sangue se esvaísse, seria tarde demais.

— Minha missão é tomar conta deles, Daniel! Se não pude impedir o acidente, que escrito já estava, pude pedir socorro para amenizar a dor do momento.

— E agora? — disse — O que será que acontecerá com ela? Ela queria vê-la, disse que com certeza você a curaria.

— Não sou santa, Daniel! Sabes bem disso! Está além das minhas mãos o que acontece nesta terra, mas posso fazer uma coisa, e vim pedir que você compreenda.

— Fale logo! Está me deixando assustado!

— Daniel! Ficamos longo tempo juntos, foram momentos maravilhosos, vivi com você o amor depois de desencarnar, aquele que não encontrei nesta terra, mas, com certeza, tudo já estava escrito. De uma maneira ou de outra, teríamos de nos encontrar. Não só para viver um grande amor, mas para criar tantas crianças. Escute o que vou lhe pedir! E tenha sabedoria e compreensão para entender. Primeiro: queria que acolhesses mais crianças. Seus quadros continuarão vendendo muito e atravessarão mares. Terás condições para isso. Ampliarás a casa. Darás a elas um nome e a registrarás. Isso será necessário para o futuro de todas as crianças que vierem a morar lá. Mesmo quando já não estiverem aqui, você e Toninha, com certeza seus filhos mais velhos se encarregarão de tudo. Você os educou para isso, e eles continuarão seguindo sua missão. A partir de hoje não voltarei mais aqui, mas não penses que te abandono. Logo terás seus braços em volta de mim. Não do mesmo jeito, mas isso só compreenderás quando deste mundo partires.

— Pare! Não continues a falar! Tu sabes a dor que estou sentindo pela pequena Vida, ainda queres aumentá-la mais, dizendo que vais sair de minha vida! Não aguentarei mais esta dor! Como Toninha disse, essa máquina em meu peito está rateando, e juro que não aguentará esse tranco! Todos esses anos tive você ao meu lado. Partilhei contigo todas as emoções e até a criação de nossos filhos.

Agora me abandonas quando mais preciso de ti! Por favor, meu amor! Diga que não é verdade! Ou então me leve junto contigo!

— Daniel! Compreenda, estou fazendo isso pela pequena Vida!

— Como assim? — perguntei desesperado. — Como por ela, se a abandonas quando mais precisa ter você ao seu lado, se vais embora para nunca mais voltar. Terei de contar a eles. A pequena Vida, com certeza, não vai entender, ficará desconsolada. É desse jeito que dás tua ajuda? Um dia tu me deste a opção de continuar ou não nossos encontros, mas agora falas que me abandonas e sabes que não vou conseguir viver sem você, Vida! Passamos tanta coisa juntos! Tivemos momentos maravilhosos. Eu a amo tanto! Se vives aqui neste mundo ou não, eu não me importo. Diga que não é verdade! Pelo amor que tens às crianças, diga que não me abandonarás!

— Por amor a elas, não vou mais te ver. Por amor a Vida, deixarei de cavalgar pelos campos. Por amor aos meus filhos, não viverei mais o grande amor que encontrei. Mas um dia nos encontraremos. Nossa história não acaba agora, neste momento. Será o início de um novo tempo, que recomeçarei com todo o amor que recebi de todos vocês. Diga àqueles que foram um dia meus pais que agradeço por eles terem acolhido você e meus filhos. Nunca os esquecerei.

E, assim falando, me deu um buquê de rosas:

— São para meus filhos, meus pais, Toninha, dona Margarida e você. A que pertence a Vida, amanhã bem cedinho você levará até o riacho, juntamente com nossa filha. Sentará Vida na beirada e regará suas pernas. Depois de despetalar a rosa, jogue em suas pernas e torne a regá-la. Vida ficará boa e todos terão a felicidade que merecem. Pare de chorar, Daniel! Como falei, logo estarei em seus braços. E um dia, se quiseres, me esperarás na eternidade.

— Se tem de ser assim — disse chorando copiosamente — assim será! Não sei se me recuperarei, e tenha certeza de que continuarei vindo aqui todos as dias, mesmo sabendo que não vou encontrá-la. Aqui, neste lugar, vivi com você momentos maravilhosos. Se não vou tê-la mais em meus braços, vou viver recordando o passado. Dizes que não vais mais voltar, mas que poderei um dia esperar por ti. Com certeza o farei. Nunca a esquecerei.

Vida me deu um longo beijo e foi embora.

Eu fiquei ali chorando, abraçado a um buquê de flores. Despertei com a voz do padre, perguntando:

— Daniel! Que fazes aí com essas flores? Então era assim que fazias, trazes um buquê de flores e o despetala como se marcasse lugar.

— Padre, me perdoe, mas não estou com disposição para conversa. Com sua licença, que tenho de ir embora. Vida me espera em casa.

— Estás chorando! — disse ele — Então é mesmo grave o estado da menina. Bem que o doutor me disse que ela nunca mais andaria. A propósito, ele está em sua casa, foi levar a cadeira de rodas para a menina. Uma fatalidade! Tão pequena, tão cheia de vida, e passar o resto dos seus dias sem poder andar.

— Não será assim! — disse enxugando as lágrimas. — Ninguém pode saber como será o amanhã! Hoje estou em pé, amanhã posso não estar! Vida está acamada, amanhã, quem sabe, estará ela correndo por essas paragens...

— Está bem, meu filho! Será como você diz! Mas deixe-me a despetalar as rosas. Sei que artista tem sensibilidade em excesso e precisa de coisas diferentes.

Dei um puxão no buquê, que já estava metade nas mãos dele, dizendo:

— Essas, vou levar para casa. Acabei de colhê-las, não é para despetalar!

E, falando assim, dei as costas e saí correndo, deixando o padre confuso.

Cheguei em casa cansado, o rosto todo molhado de tanto chorar pelo caminho. Toninha pegou as flores de minha mão, abraçou-me fortemente e disse que já sabia que Vida não mais voltaria. Caí em seus braços aos prantos! Não queria acreditar que ela tinha feito isso comigo.

— Como poderei viver sem ela? — perguntei a Toninha — Tenho vocês e agradeço todos os dias a Deus, mas pensava que fosse ter Vida comigo até partir desta terra. Então eu a encontraria e cavalgaríamos juntos pelas pradarias! Era um sonho, Toninha, que virou pesadelo!

— Filho, aceite por ora o que disse ela! Não ficarás só! Tens a nós e a lembrança dela. Seu desespero o fará doente. Se ficares acamado, como cuidarás da pequena Vida?

Nisso, lembrei-me do que Vida tinha dito. Separei uma flor e disse para Toninha:

— Esta, terei de levar amanhã bem cedo ao riacho, juntamente com a pequena Vida. Foi Vida que assim pediu. Disse que nossa filha ficaria boa e tudo ao normal voltaria.

— Então, meu filho — disse Toninha — ela sempre estará conosco. Podemos não ter sua presença, mas com certeza por meio de intuições, ela sempre estará presente. Onde colocaremos estas flores?

— São de todos. Ela mandou uma para cada um. Inclusive para os seus pais, como prova de amor, como agradecimento e adeus. Vamos entregar às crianças. Chame todos, Toninha. Inclusive João e Alice.

— Quando todos já estavam reunidos ali na sala, e a pequena Vida já na cadeira de rodas, contei tudo que se passara e entreguei a cada um a rosa que Vida mandara. Alice me deu um abraço e foi em direção à lareira, onde havia um retrato de Vida.

— Pai, gostaria de deixá-la aqui. Quando secar, venho apanhá-la e guardarei como lembrança comigo. Meus outros filhos acompanharam o gesto da irmã e, um a um, me deram um forte abraço e depositaram a rosa na lareira. Era uma despedida simbólica, e eu, pela primeira vez, me senti viúvo. Tinha perdido alguém que amava muito e meu futuro dali em diante era uma interrogação. Não tinha certeza se conseguiria viver sem Vida. Toninha pegou uma jarra e colocou as flores que ficaram ali na sala, ornamentando o ambiente. O cheiro das rosas se espalhou dando bem-estar a todos e acalmando minha mente.

De manhã bem cedinho, levei Vida ao riacho. Toninha fez questão de ir junto, e meus filhos também quiseram me acompanhar. E assim, toda a família reunida, fomos atender ao pedido de Vida. Lá chegando, os meninos me ajudaram a colocar a pequena Vida na beirada do riacho. Comecei a regar suas pernas e ela ria, reclamando que a água estava gelada. Peguei a rosa e a despetalei. Joguei nas pernas de minha filha e, em seguida, com a água do riacho a reguei. Fiquei ali rezando. Pedindo a Deus por um milagre! Tinha confiança e fé no que estava fazendo. Se Vida mandou, certamente daria certo. Eu estava ajoelhado na água com a pequena Vida diante de mim, e meus filhos formavam um círculo, com Toninha perto de mim.

— Podemos ir embora? — perguntou minha pequena — está frio e minhas pernas estão gelando.

E, assim falando, começou a bater com os pés na água, respingando para todos os lados. Eu caí sentado no riacho. Meus filhos se jogaram em cima de mim e ficamos todos dentro d'água. Vida se levantou e imitou o gesto dos irmãos. Eu chorava e ria. Toninha agitava as mãos, pedindo que todos saíssem da água gelada. Meus filhos pegaram a pequena irmã no colo e a beijaram efusivamente. Maravilhados com a recuperação de suas pernas.

— Vamos para casa! — disse. — Estão todos molhados, daqui a pouco teremos de chamar o doutor porque ficarão acamados com gripe.

— Pai! Você está pior do que nós! Está todo encharcado. Só Toninha ficou seca para cuidar da gente.

E, assim falando, foram em direção a Toninha, fazendo gestos de que iriam colocá-la na água.

— Nem se atrevam! Nem se atrevam! — dizia ela, mas os meninos não atenderam.

Levantaram-na no colo e a depositaram na água, dizendo ser a única que não tinha sido batizada. O que começou com reza virou uma festa! Fomos embora felizes da vida com o grande acontecimento.

Quando chegamos em casa, qual não foi nossa surpresa. Estavam nos esperando o padre e o doutor, que vieram ter notícias da pequena Vida. Meus filhos faziam uma algazarra. O padre chegou à soleira da porta perguntando:

— O que se passa? Estão todos malucos! Daniel, por que estão todos molhados? Não tens juízo! Sua filha tinha de estar descansando, esperando a visita do doutor para massagear suas pernas!

Vida foi a primeira a pular da charrete. Foi ao encontro do padre, pedindo sua bênção e mostrando como tinha sarado. O padre se benzeu, dizendo não saber o que estava acontecendo.

Foi em direção a Toninha, pedindo explicações, perguntando de onde todos estavam vindo.

— Fomos dar um passeio, padre! A manhã estava linda.

O padre olhou para o céu, que estava bem nublado, e disse que estávamos malucos.

— Foi apenas um passeio — disse Alice — mas acabamos por tomar um banho no riacho para comemorar a recuperação de Vida! Veja como ela está bem! Não merecia uma comemoração? — perguntava ela para o padre.

— Está bem! Mas vamos entrar que o doutor já deve ter acordado do seu cochilo.

Foram todos se trocar. Eu, assim mesmo como estava, fui falar com o doutor. Devolvi a cadeira, dizendo não ser mais necessária.

— Como pode ser! — disse ele — Tinha esperança de que os remédios fizessem efeito, mas a rapidez com que se deu a recuperação dela foi milagrosa!

Eu comecei a rir, concordando com ele.

— Foi milagre mesmo! — disse — E agradeço muito ao senhor. Fiquem para o almoço, o cheirinho está bom! Dona Margarida deve ter preparado um de seus quitutes maravilhosos!

Pedi que, logo após o almoço, João levasse notícias a José e fosse até meus sogros falar da recuperação da pequena Vida e entregar as rosas que a filha mandou. Foi um dia maravilhoso! Até esqueci a tristeza do dia anterior.

Os dias se passaram. Eu continuava minha pintura e ia cavalgar até minha amiga árvore. Agora, mais que nunca, conversava com ela. Nela, deixava minhas tristezas e amarguras. Toda noite, quando nos reuníamos, o cheiro de rosas invadia o ambiente. Todos olhavam para o retrato de Vida. Parecia que

Vida, minha vida 167

ela estava ali presente. As flores não murchavam. Continuavam como se tivessem sido colhidas naquele momento. Seis meses se passaram desde o dia em que Vida se despediu de mim. As rosas continuaram perfumando o ambiente, como se tivessem acabado de ser colhidas. Ninguém mais admirava tal acontecido. Parecia que o retrato de Vida dava vida às flores.

Era véspera de Natal. A casa estava em festa. Meus filhos tudo organizaram, até recusaram meus préstimos, dizendo que me dedicasse à pintura, que eles se encarregariam de tudo. Agora a pequena Vida ficava comigo no ateliê, divertindo-se em colocar cores nas telas. Eu nunca havia me sentido tão só. Sentia falta do meu grande amor. Sentia falta dos seus conselhos, do afago nos meus cabelos e dos beijos quentes que me aqueciam as noites frias. Parecia que toda a magia tinha desaparecido. Eu ficava sentado sob a árvore pensando em minha vida. Mas ficava só por pouco tempo, logo aparecia cavalgando a pequena Vida ou um dos meus outros filhos. Se me afastava de casa e demorava, eles logo iam à minha procura. Eu era abençoado e agradecia, como sempre, pela bênção de tê-los todos comigo, mas meu coração chorava a falta que Vida me fazia. Eu passava toda a minha dor para as telas que estava pintando. Agora pintava mais e mais, às vezes parecia estar louco, me chamavam e eu não escutava. Só quando tocavam em mim é que voltava à realidade e relaxava por uns momentos. Meus filhos já estavam com tudo preparado. Até as charretes, que agora eram duas, estavam enfeitadas. Íamos até a igrejinha para a Missa do Galo, depois voltaríamos para casa para cearmos, comemorando a data e abrindo os presentes que estavam espalhados sob uma linda árvore de Natal. Assim que chegamos em casa, depois de assistir a toda a missa e nos confraternizarmos com os cidadãos da cidade, sentamos à grande mesa que foi preparada fora de casa. Agora não eram só nove crianças, eu e Toninha a cear. Havia pares e pares e João e Alice a comandar. Era uma grande família, tínhamos mil motivos para agradecer e comemorar a data. Quando estava tudo ajeitado, João pediu a palavra. Juntei as mãos, esperando dele a oração, mas me emocionei com suas palavras. Ele comunicava que estava chegando mais um membro ao seio de nossa família. Todos começaram a aplaudir. Eu fiquei meio parado, olhando para Toninha, que chorava de emoção. Naquele momento, fora anunciado o fruto de nossa família. Saí do meu torpor e fui abraçá-los efusivamente. João estava com a alegria estampada no rosto, e Alice, minha menina tão querida, já trazia no rosto o traço da maternidade. Enquanto comemoravam o acontecimento, fui me afastando, entrando em casa, dirigindo-me até a saleta onde ficava o retrato de Vida. Queria compartilhar com ela mais um momento importante de minha vida. Estranhei chegar perto do retrato e não sentir o cheiro das flores. Elas estavam ali intactas. Escutei um barulho em minhas costas, era Toninha que tinha me seguido.

— Vim contar para ela a novidade — disse. — Estranho, não sinto o cheiro das flores, mas elas continuam viçosas como sempre.

Nisso, entrou Alice e foi direto pegar uma rosa. Pegou-a e a levou à boca, como se fosse dar um beijo. A rosa se despetalou toda, caindo sobre o seu corpo. De imediato, todas se despetalaram, ficando só os cabos no vaso. Chorei, chorei muito, agora sentia que Vida tinha ido embora de vez. Alice ficou espantada com o acontecido.

— Toninha, não fiz nada — disse ela. — Só queria mandar um beijo para quem me protegeu toda a vida.

Toninha a abraçou e, nisso, escutamos uma algazarra. Fomos lá para fora ver o que estava acontecendo, e vimos três crianças de mãos dadas.

— O que está acontecendo? — perguntei. — Quem são as crianças? De onde vieram?

— Não sabemos, pai! Elas chegaram e ficaram ali paradas. Querem falar com o senhor! Aproximei-me das crianças e vi em seus rostinhos algo que já conhecia.

— Não temos para onde ir — disseram. — Nossa mãe, Deus levou, de nosso pai não sabemos. Minha irmãzinha tem fome e estamos cansados de tanto andar. Escutamos barulho, vimos a luz e viemos até sua casa.

— Toninha! O que você acha? — Como sempre acontecia quando chegavam as crianças, Toninha os pegou pelo braço, dizendo:

— Vamos lavar as mãos e sentaremos todos à mesa.

Olhei para o céu, perguntando:

— Vida, você as mandou? Quantas ainda virão?

Meus filhos foram ajudar Toninha a cuidar das crianças e, depois de todos sentados, agradecemos a Deus por estar crescendo a família. No dia seguinte, fui até a cidade saber do padre se tinha notícias sobre três crianças que perderam a mãe e estavam sozinhas neste mundo. O padre nada sabia e, como sempre, pediu que lhes desse abrigo. Se a família aparecesse, ele logo me informaria. Falou que logo, logo iria à minha casa conhecer as três crianças. Começava tudo de novo. Era isso que Vida queria me dizer. Não a tinha mais em minha vida, mas me dedicaria a essas crianças sem abrigo. Fui falar com José, agora pouco nos encontrávamos. Eram meus filhos que trabalhavam na ferraria com José e João a comandá-los. Eles tinham muito respeito por João, assim como as meninas ouviam sempre o que lhes falava Alice. Eram meus filhos mais velhos e tomavam conta de tudo com Toninha. Eu estava sempre a pintar ou na minha árvore amiga. Mas que venham as crianças, nunca lhes negarei meu carinho e abrigo. Passei na lojinha, peguei algumas coisas que sabia que elas precisavam, comprei uns agasalhos, pois, mesmo sendo dia de Natal, todos trabalhavam. Cheguei em casa cheio de embrulhos. As crianças, como já vira antes, ficavam meio deslocadas, mas minha pequena Vida, que era só alegria, fazia macaquices e a pequena andarilha, que há pouco tinha chegado, estava agora aos risos. O menino mais velho estava num canto sentado. Parecia preocupado e triste com toda a situação. Fui até ele, entreguei os agasalhos e ele perguntou:

— É para irmos embora? Por favor, fique só com minha irmãzinha, ela come muito pouco, não vai lhe dar trabalho. Quando eu conseguir um emprego e puder lhe dar sustento, virei buscá-la.

— Nada disso, meu filho! Deus lhe mostrou o caminho de minha casa. És bem-vindo, como seus irmãos também. Se quiserem, poderão ficar para sempre fazendo parte de minha família.

O menino se jogou em meus braços chorando. Dizendo que trabalharia muito para pagar todos os custos.

— Não será assim! — disse a ele — De agora em diante você será meu filho, como sua irmãzinha e seu irmão também. Só deverá obedecer a Toninha e ser muito feliz! Vamos agora arrumar um quarto para vocês dois. A menina, com certeza, ficará no quarto de Toninha. Quantos anos ela tem? Três! Não sabes ao certo? Não faz mal. Pediremos ao pároco que providencie, como sempre, o batismo e os documentos necessários.

Não queria que acontecesse com eles o que aconteceu com Pedro e João. Eu só os acolhi, mas esqueci de registrá-los.

Na casa, a vinda das três crianças tornou-se uma novidade. Fora a criança que viria por Alice, a casa era toda euforia. Dali a uns dias tinha novelo de lã para todo lado, sapatinhos sem pares pela mesa e casaquinhos mínimos que enfeitavam a casa. Fui ter com José. Precisava ampliar ainda mais a casa. Espaço tinha para os fundos e dinheiro, para isso, com certeza não faltava. Fiz o desenho que queria e, junto com José, fui falar com o pedreiro. Como sempre, eram peões da redondeza que estavam sempre sem emprego. Não cobravam muito e faziam um serviço perfeito. A obra demorou seis meses, mas ficou exatamente como eu queria. Fiz um lindo quarto para os meninos. Mas bem espaçoso, já antecipando, a vinda de mais crianças.

E foi o que aconteceu. O padre me trouxe mais duas, eram dois meninos que chegaram à igreja pedindo esmolas. Estavam sujos, esfomeados e não diziam uma palavra. Só esticavam a mão quando alguma coisa lhes era dada. Quando Pedro foi lhes dar banho e tirar as roupas surradas, veio ter comigo e me levou para ver as marcas estampadas nos corpos.

— Meu Deus! Como pode? São apenas duas crianças.

Pedro os enrolou em toalhas e os levou para o quarto novo. Lá tinha roupa dos pequenos que chegaram havia pouco. Com certeza daria neles. Eram franzinos, parecia que há muito não comiam. Pedro os arrumou e os levou a Toninha. Ela já os esperava com a comida quentinha. Meus filhos os crivavam de perguntas, mas eles nada respondiam, seus olhos grudaram no prato de comida, parecia que nem respiravam. Pedro estava alterado. Queria sair e procurar o responsável pelos maus-tratos. Custei a controlá-lo.

— Filho, o que importa agora é fazê-los esquecer os momentos tristes. Mais do que abrigo e comida, eles vão precisar de atenção e carinho. Deixo isso por sua conta. Aos poucos, confiarão em você e lhes contarão toda a história. Agora eles precisam de descanso e da certeza de que aqui ficarão seguros.

Já éramos uma família e tanto! Ainda bem que o pomar e a horta produziam bem. Eram bem cuidados. Dona Margarida, nas horas de folga, ia com as meninas colher e plantar sempre algo novo. Frutas, tínhamos muitas. Vida vivia trepada nas árvores. Quando Dona Margarida precisava de algum fruto, minha pequena moleca subia e sacudia os galhos fazendo os frutos cair. Fazia isso como brincadeira, mesmo sabendo que para Dona Margarida alimento era coisa séria. E, quando algum fruto amassava, era pito certo que ela levava. As crianças estavam todas acomodadas. Pedi a João que me mandasse o doutor, pois achava a saúde dos dois meninos muito precária. Como pedi, ele veio e examinou todos os cinco. A pequenininha, que tirou o lugar de mascote da pequena Vida, agora era o grude de Toninha. Pedro, quando voltava de viagens, trazia mimos para todos eles. A pequena Vida estava enciumada. Ela, por muito tempo, foi o centro das atenções da família. Cada vez mais ficava agarrada em mim. As telas que agora ela pintava até tinham sentido. Incentivei-a a pintar com mais cuidado, com mais calor e menos brincadeira. Ensinei-a a colocar toda a emoção que sentia nas telas. Em pouco tempo, seus quadros já enfeitavam os novos ambientes. As crianças adoravam! Vida pintava figuras engraçadas, coloridas e completava o aconchego dos quartos. O que não passava de brincadeira foi tomando forma e agora era coisa séria. Vida passou a pintar constantemente. Chegava da escola e ia direto procurar os pincéis. Ela, como eu, tinha entrado no maravilhoso mundo da aquarela.

Pedro não desistia. Queria saber quem tinha maltratado os meninos. Um dia, o padre chegou a nossa casa e contou ter sido procurado por um homem que dizia ter perdido seus filhos.

— Não disse onde eles estavam — disse o padre. — Não gostei do jeito que falava. Vim primeiro saber de você se posso dar o endereço de sua casa.

— Padre, amo todas as crianças que me chegam. Quero que tenham o que posso dar de melhor, mas, se eles têm família e por um motivo qualquer se perderam, não sou eu que vou afastá-los dela. Vou pedir a Pedro que vá com o senhor até a cidade. Ele saberá como fazer para saber se as crianças que aqui estão são realmente as procuradas.

Não falei nada ao padre das marcas em seus corpos, não queria assustá-lo. Chamei Pedro e pedi que acompanhasse o padre até a cidade. Expliquei-lhe o motivo, e ele prontamente aceitou o encargo. Até me arrependi. Esqueci da raiva que Pedro sentiu ao dar banho nas crianças. Pedi a ele que tivesse calma e bom senso. Se fosse realmente o pai das crianças, ele teria o direito de levá-las. Pedro foi embora com o padre, e eu fui contar a Toninha o que se passava. A pequenina dormia que nem um anjo nos braços de Toninha.

— Vou sentir falta dela — disse Toninha, mas, se tem quem lhes cuide, não podemos retê-los aqui.

Fui procurar os dois meninos, mas não os achei. Perguntei a todos por eles, ninguém os tinha visto. Fui procurar a pequena Vida, que sempre sabia de tudo.

— Eu os vi correndo em direção às árvores, pai! Acho que estão brincando de esconder.

Fui procurá-los e, de novo, não os achei. Pedi aos meus filhos que fossem a cavalo à procura deles. Eu temia que tivessem escutado o padre e tivessem fugido. Ninguém os encontrou. Comecei a ficar apreensivo. Eles, desde o momento que passaram a morar ali, eram responsabilidade minha. Agora não tinha Vida para me ajudar. Eu ficava desesperado. Eu a chamava, mesmo sabendo que não iria escutar.

— Vida! — eu dizia. — As crianças são responsabilidade nossa! Você as botou no meu caminho, por Deus, não deixe que nada de ruim aconteça!

Foi aí que se aproximaram os dois meninos. Os que chegaram depois deles. Ficaram parados à minha frente, como se esperassem que os interrogasse.

— Vocês sabem onde eles estão? — perguntei. — Eles podem estar correndo perigo. São pequenos ainda. Se não voltarem, ficarão perdidos por esse mundo.

— Eles fugiram, senhor!

Os cinco que agora chegaram não me chamavam de pai. Eu deixei por conta do coração deles.

— Eles estão com medo! Eles disseram que apanhavam muito do padrasto deles. Ele os mandava esmolar junto com a irmãzinha e, se não chegassem com dinheiro em casa, dormiam ao relento. Mas não é a eles que procuram, e sim a nós. Fugimos de uma casa cheia de crianças que tem na outra cidade. Fomos deixados lá em pequenos, e apanhávamos sem motivo. Não queríamos contar antes, com medo que o senhor nos levasse de volta! Temos certeza de que é ele que está nos procurando. O homem que tomava conta de tudo. Às vezes, até dormindo apanhávamos. Se o serviço não ficava benfeito, como ele dizia, ele pegava um chicote de montaria e nos batia, com todas as crianças reunidas para presenciar. Temos certeza de que é ele, e não o padrasto dos outros meninos.

Eu os abracei, perguntando-me o que iria fazer, como escondê-los? Não poderia! Mas também não poderia os entregar a maus-tratos.

— Vamos achar os dois meninos assustados e depois pensaremos no que fazer para vocês ficarem em definitivo nesta casa.

Nisso chegou um dos meus filhos trazendo pela mão os dois meninos fujões.

— Onde vocês estavam indo? — perguntei. — Nos abandonam e também à irmã de vocês? Para onde iam, não se sentem seguros aqui?

O menor respondeu, chorando:

— Nós estamos com medo. Ele vai nos achar e levar de volta para casa!

— Ele quem? — perguntei. — Vocês disseram que não tinha ninguém por vocês.

— Nosso padrasto! Ele bebe o dia inteiro e, quando não tem dinheiro para comprar mais, nos manda para a rua com nossa irmãzinha para pedir esmola. Mas quem o conhece nega, sabe que o dinheiro é para comprar bebida. Ele nos espanca, puxa nossa irmãzinha pelos cabelos, ameaça que ela vai sofrer as consequências, se não conseguirmos nada. Escutei tudo abismado. As cinco crianças que chegaram à minha casa sofriam o mesmo tipo de maus-tratos. Como podem existir pessoas que, em vez de amá-los, criá-los, despejavam neles toda a frustração de uma vida perdida? Naquele momento, jurei que, custasse o que custasse, ninguém os levaria dali. Fiquei ansioso esperando a volta de Pedro. Ele estava se demorando demais. Pedi a João que fosse procurá-lo. Pedro era esquentado, poderia ter perdido a cabeça, mas João nem chegou a ir à sua procura. Ele chegou acompanhado de um homem, que aparentemente parecia boa figura. Chegou, se apresentou, dizendo ter na cidade próxima um lar de crianças abandonadas. Duas crianças tinham se ido de lá. Ele as estava procurando, e a informação que obteve é que estariam em minha casa.

— Gostaria muito de o ajudar — disse. — Tens o registro dessas crianças? Sem documentos, não permito que ninguém saia de minha casa.

Pedro me olhou espantado e disse:

— Pai, ele tem um lar de crianças abandonadas. Conversei muito com ele. Ele me contou que tinha um rapaz que, em troca de comida e abrigo, ajudava a tomar conta das crianças. O que ele não sabia é que esse rapaz batia nelas. Por isso veio à procura deles. Quer levá-los de volta para o lar, onde estão desde pequenos.

Não acreditei em uma palavra do que ele tinha dito a Pedro.

— Vou buscar as crianças. Se quiserem ir com o senhor, irão! Mas, se não quiserem, só sairão daqui com ordem recebida do magistrado.

O homem logo mudou de expressão. O ar de bonzinho se tornou uma máscara de irritação.

— Não sei se são as crianças que procuro, mas, se forem, vou levá-las de qualquer jeito!

Nisso, João entrou na sala trazendo os dois pela mão. Eles correram e se agarraram em mim, como se fosse a salvação deles.

— Não deixe que nos leve, senhor! — eles pediam chorando. — Seremos bonzinhos, faremos o que mandar!

Eles se agarravam em mim, como só eu pudesse salvá-los. O homem se aproximou deles, tentou abraçá-los, dizendo:

— Meus filhos! O que aconteceu para deixá-los tão assustados? Vamos embora comigo, nada acontecerá. Já mandei embora quem os castigava, agora viverão tranquilos, junto com seus irmãos.

— Não iremos com o senhor! — disse o maiorzinho. — Era o senhor que nos batia! Não queremos voltar para aquela casa maldita!

O homem, furioso, tentou agarrá-lo, mas Pedro o segurou pelo colarinho e o jogou fora de casa.

— Suma daqui! — disse Pedro. — Se aparecer de novo, chamo a polícia para prendê-lo por maus-tratos a criança!

O homem foi embora se limpando, olhando com medo para os meus filhos, que o tinham rodeado.

— Ele vai voltar! — diziam os meninos com medo e ainda agarrados em minhas pernas.

Foi a partir desse dia que aquela casa foi registrada como um lar para crianças abandonadas ou que eram submetidas a maus-tratos. Fui até a cidade tratar da papelada. Precisava ter o registro, se queria realmente ter todas aquelas crianças comigo. Não era mais uma simples casa de família. Era um abrigo para crianças perdidas. Tinha de lhes dar toda a segurança e, como já tinha me alertado o padre, eu não poderia ter tantas crianças comigo sem uma casa registrada como abrigo.

E assim foi feito. A partir daquele dia, aquela casa tornou-se um abrigo oficial. Só faltava um nome. Reuni toda a família para escolhermos que nome daríamos àquele lugar. A pequena Vida, juntamente com os outros menores, levaram na brincadeira. Queriam dar nome de animais, dizendo ser mais bonito. Queriam "gruta da onça pintada", "encontro de esquilos", "girafa de pescoço esticado", etc. Meus filhos maiores só faziam rir de tudo aquilo. Então eu pedi que cada um colocasse num pedaço de papel o nome que mais o agradasse. Todos fizeram o que pedi e colocamos todos dentro de uma fronha. Pedimos a mais nova integrante da família que retirasse o papel que daria o nome à nossa moradia. *Abrigo da Felicidade* foi o nome sorteado, e quem o deu foi a pequena Vida. Perguntei o porquê do nome, e ela respondeu:

— A felicidade mora conosco e com todos os que aqui chegam.

Todos adoraram a explicação dada por ela. Ela adorou ser, de novo, o centro das atenções.

Um tempo se passou. Tudo voltou ao normal. Pedi ao padre que, quando fosse perambular pela cidade próxima, levasse o documento que me dava a responsabilidade de criar os meninos e entregasse naquele lar em que diziam ter sofrido tanto. Pedi a ele, também, que verificasse a verdade dos fatos. E, se ele quisesse, também poderia trazer mais crianças para o *Abrigo da Felicidade*.

E mais crianças chegaram, nem sabia agora o nome de todos. Ao todo já eram vinte, e serviço é que não faltava, mas meus filhos se encarregavam de tudo. Como Vida dissera, a minha missão continuava por intermédio dos meus filhos mais velhos. Como ela também previu, meus quadros vendiam cada vez mais. Depois de muito tempo, voltou o *marchand* a minha casa e adquiriu tudo o que eu tinha para levar a outros países. E deixava a encomenda, para que eu fizesse tantos quantos pudesse.

A manhã estava fria. Acordei e fui abrir a janela do quarto para sentir a brisa fria. Era o primeiro dia de agosto. Respirei aquele ar gelado que batia em meu rosto me despertando para os afazeres de um novo dia. De repente, visualizei João correndo em direção a casa. "Algo está acontecendo", pensei. Vesti-me e fui recebê-lo. Ele estava esbaforido sem saber se corria em direção ao quarto de Toninha ou se comigo falava.

Vida, minha vida 179

— É Alice, pai. Ela está com dores e com água esparramada por todos os lados.

Nesse ínterim, quem ficou nervoso fui eu. Saí chamando Dona Margarida, Toninha e acordando meus filhos mais velhos para irem até a cidade em busca do doutor.

— Acho que não vai dar tempo, pai! — disse João andando atrás de mim. Toninha já tinha colocado o xale, gesto imitado por Dona Margarida.

— Vamos, vamos — dizia ela. — João, vá na frente e coloque água para ferver. Dona Margarida, pegue aqueles lençóis novos que já deixei separados e vamos acudir a menina. Quando o doutor chegar, ela já deve estar cansada de ter parido. E fomos todos para a casa de João e Alice. Ela nos esperava deitada em seu leito, com a fisionomia serena, apesar de estar sentindo as dores do parto. Toninha preparou tudo e pediu que eu, João, Pedro e os demais esperassem na sala. Ficamos em silêncio, escutávamos a respiração ofegante de Alice. João não ficava parado. Pedro parecia ainda mais aflito. Deixou até de viajar nas últimas semanas, esperando a vinda do bebê. Uma hora se passou. Dona Margarida entrava e saía do quarto. Era com mais água quente ou para apanhar toalhas. Fui lá fora ver se o doutor chegava, mas quem chegou foi meu filho sozinho, dizendo não encontrar o doutor. Ele tinha ido fazer um parto nas redondezas. Fiquei nervoso de fato. Será que as duas saberiam dar conta de tudo? E se houvesse um imprevisto? Não! Pedi a Deus que me livrasse de maus pensamentos. Tudo daria certo, na fé do Senhor! Estava rezando quando ouvi um choro. Primeiro mansinho, depois forte, que ecoou pela casa toda. Começamos a rir nos abraçando. Toninha abriu a porta do quarto pedindo silêncio e nos mostrando uma trouxinha que tinha em seus braços.

— Venha, João, pegue, é seu filho!

— Um menino! — disseram todos como se ensaiassem uma canção.

— Não! É uma meninazinha, a mais linda que já vi! — respondeu Toninha.

Eu tremia dos pés à cabeça, não conseguia sair de onde estava. João se aproximou e colocou a menina em meus braços.

— Pai! Veja que linda! É perfeita! Dê a ela sua bênção, é sua primeira neta!

Peguei a menina em meus braços e chorei de emoção. Ela parecia iluminada, encostei-a em meu peito e agradeci a Deus o momento. Entreguei-a de volta a João, dizendo:

— Deus a abençoe, João! Bem-vinda seja ela, você e Alice, que a partir de hoje formam uma linda família! Pedro também estava todo emocionado. Era sua sobrinha e, graças a Deus, estava nascendo dentro de uma casa cheia de amor, de solidez e amparo. Depois de um tempo, nos permitiram ver Alice. Ela estava corada, olhos brilhantes, parecia uma rainha em seu leito deitada. Fui até ela, osculei sua testa, agradeci pela linda neta que tinha me dado. O quarto estava cheio. Todos os irmãos rodeavam sua cama. Toninha colocou todos para fora. Dizia que Alice teria de descansar, que logo amamentaria a menina. Quando eu já ia saindo do quarto, Alice me chamou.

— Pai! Que nome daremos a ela? Não quer o senhor escolher?

— Filha! Você e João ainda não escolheram? Ouvi falar em tantos nomes, pensei que já tivessem escolhido um.

— Nenhum foi do nosso agrado. Gostaríamos que o senhor fizesse a escolha.

Olhei para aquele pedacinho de gente rosada e disse para minha filha.

— Ela parece uma flor! Suave, delicada, perfumada, como uma rosa. Poderia ser Rosa seu nome?

— Pai! É lindo! Sabia que o senhor faria uma boa escolha!

— Rosa, Rosa — repetia Alice, acariciando a face da menina. Fui embora emocionado. Rosa significava Vida. Pois todo o tempo em que tive Vida em minha vida, as rosas também fizeram parte dela. E a emoção que senti ao ter a pequena Rosa junto ao meu peito ainda permanecia dentro de mim. Pedi aos meninos que fossem avisar ao pároco do nascimento e aos avós também. Tinha certeza de que os pais de Vida logo apareceriam. Eles também esperavam ansiosos a chegada da filha de Alice. Disse aos meninos que iria caminhar. Fui até minha amiga árvore contar a novidade. Era uma manhã fria, mas eu sentia um calor vindo do peito, como das vezes em que encontrava Vida. Fiquei ali sentado, encostado na árvore por horas. Até que despertei com Pedro me chamando. Ele tinha chegado a cavalo, trazendo pela rédea o meu baio.

— Pai! Vamos para casa — disse ele — estão o esperando para brindar a chegada de Rosa. Dona Margarida preparou uma comida especial. José está lá em casa, o padre, nossos avós e o senhor aqui sozinho, pensando em quê?

— Na Vida, filho! Em Vida!

Pedro desceu do cavalo, me deu um forte abraço e me fez uma declaração de amor.

— Um dia, pedi que nunca nos abandonasse — disse ele — peço de novo, Pai! Precisamos muito do senhor! Não se entregue por um amor desaparecido. Lembre das crianças que estão chegando. Precisam do senhor tanto quanto precisamos um dia.

— Eu sei, meu filho, eu sei! Mas, às vezes, a saudade aperta o peito e parece que não vou suportar. Mas prometi a Vida que seguiria em frente com minha missão e o farei, mesmo que venha aqui relembrar os bons momentos que tive com ela. Vamos pra casa. Hoje é dia de festejar!

Cheguei em casa e confraternizei com todos os que ali estavam. O padre era figura constante em nossa casa. Das quermesses, minhas filhas sempre participaram. Abracei com carinho os pais de Vida. Eles também estavam sofrendo por mais uma despedida. Saber que a filha andava por essas paragens lhes dava ânimo. Como aconteceu conosco, a rosa que lhes foi enviada também perdeu a magia e se despetalou. Creio que no mesmo momento das outras. Almoçamos na grande mesa fora de casa. Agora eram tantos talheres e pratos que tive de arranjar uma ajudante para Dona Margarida. A princípio, ela negou veementemente. Dizia dar conta de tudo sozinha. Estava velha, mas ainda tinha forças para o serviço. Só consegui convencê-la quando disse que, assim, ela estaria privando alguém de ter um ganho e colocar o pão sobre a mesa. Meus filhos mais velhos cuidavam das crianças. Nem precisava que Toninha os alertasse sobre isso. A tarefa de cuidar de crianças era uma constante em minha casa. Da parte burocrática se encarregavam Pedro e João. Numa das salas fiz um escritório, onde João cuidava das contas e despesas diárias. Também se encarregava dos estudos das crianças, roupas a serem compradas, materiais e tantas outras coisas. Eu ficava cada vez mais afastado de tudo. Refugiava-me na minha saleta entre tintas e quadros. Acabei de almoçar, pedi licença a todos e fui colocar minha inspiração do momento nas telas. Ainda sentia em meu peito o aconchego daquele pequeno embrulho. Rosa, minha pequena Rosa. Minha pequena Vida. Vida! Como sentia sua falta. Toninha sabia que eu estava sofrendo. Nas noites em que conversávamos, ela tentava me animar, dizendo que talvez fosse brincadeira e eu ainda encontraria Vida por aquelas paragens. Eu sabia que não. Sabia o quanto foram verdadeiras suas palavras. E, assim pensando em Vida, pintei a maior tela que tinha naquele momento. Retratei Alice na cama entre colchas e lençóis. Cabelos esparramados no travesseiro e a pequena Rosa em seus braços. Circulei a tela com rosas pálidas, deixando sobressair a face rosada da pequena Rosa. Trabalhei horas sem parar. Despertei com João me chamando, tocando em meu ombro.

— Pai! O senhor está aí há horas, mas é maravilhoso! O senhor transportou Alice de casa para sua tela!

Ele me abraçou fortemente e agradeci a Deus o filho que o destino me deu.

— Só mais um pouco, filho! Só mais um pouco! Deixe eu terminar esta tela que quero dar de presente a Alice.

João se retirou sem mais palavras, mas não fiquei só por muito tempo. Logo chegou a pequena Vida, querendo saber como poderia fazer igual ao que eu tinha feito. Ela, agora, conseguia retratar tão bem quanto eu. Seus quadros iam misturados aos meus e eram vendidos tão rápido quanto. Sempre tive a paciência e o carinho de auxiliá-la no que fosse preciso. Orgulhava-me quando ela terminava uma tela e pedia que eu assinasse junto com ela. Alice adorou a surpresa. Pediu a João que colocasse no quarto acima de sua cama.

Um tempo se passou. Tudo corria normalmente. Minha família se dividia entre cuidar das crianças, que continuavam chegando, da lojinha, que crescera muito, e da ferraria, fora as criações que tínhamos adquirido. Eu continuava a cavalgar até minha árvore. Ficava lá horas. Às vezes, com telas e pincéis, colocava toda a minha dor e saudade para fora. Um dia, chegando em casa do meu passeio diário, dei de encontro com o meu conhecido e garboso *marchand*.

Veio cheio de histórias, me engambelando, e, no final, disse o motivo por que veio. Queria que a pequena Vida viajasse com ele. Queria levá-la a outros países. Queria mostrar ao mundo a grande pintora que era. Disse que, se um dia eu recusei por motivos que ele não entendia, não tinha eu agora o direito de privá-la de conhecer o mundo. Escutei tudo calado. Chamei João, Pedro e Toninha. Queria a opinião deles. Não podia impedir a carreira de Vida. Se um dia não parti, foi por vários motivos, e um deles foi Vida! Todos escutaram a proposta do *marchand*. Pedro pediu a palavra.

— Pai! Acho que não podes impedir que Vida apareça para o mundo, mas ela tem de querer ir, e não poderá ir sozinha. Ela é uma adolescente e precisa de um irmão por perto que a oriente. Eu estou disponível! Farei o sacrifício de viajar pelo mundo acompanhando o senhor *marchand* e Vida.

Acabamos por rir todos. Pedro acabava de se insinuar na tal viagem. Pedi a João que fosse buscar a pequena Vida. Queria que ela resolvesse. Sabia que ela, apesar de amar a todos, era como Pedro, uma sonhadora. Gostava de conhecer lugares diferentes. Muitas vezes, quando era menor, tive de ir procurá-la, pois cavalgara além do permitido. Dizia que queria conhecer outras paragens e, fora dos limites dados por mim, ela se sentia realmente livre. João chegou trazendo a pequena pela mão. Ela parecia assustada, nunca lhe tinha chamado a atenção. Foi Pedro que começou a falar. Falou da tal viagem e que iria com ela. Conheceriam outras cidades, outros países, e assim ele teria a chance de prover a loja de coisas novas, e ela de ampliar seu horizonte com técnicas de pinturas diferentes. Vida de pronto aceitou. Nunca tinha saído de casa, a não ser para ir à igreja ou à cidade vizinha. Pediu para eu ir com ela, não queria se afastar de

Vida, minha vida 185

mim, mas a convenci, dizendo estar ali sempre, esperando que ela voltasse. Pedro era o mais animado e eu o mais receoso. Conhecia o *marchand* havia um bom tempo, mas temia seus conhecimentos. Não queria meus filhos mudados. Não os queria com sua soberba, mas não podia impedir que Vida tivesse sucesso.

A viagem foi marcada para dali a dez dias. Precisavam de minha autorização em cartório, passaporte dela e de Pedro. Fora as malas para a tal viagem, que a princípio o *marchand* disse ser por, no mínimo, seis meses. Se ficassem por menos tempo, não conseguiriam grandes conhecimentos. Era uma viagem cara, então teria de durar um mínimo de tempo para dar algum rendimento. A casa ficou em polvorosa. Só se falava na viagem. Alice até chorou. Vida ainda era sua pequena, mas entendeu que, com Pedro, não teria grandes preocupações. Sabia que ele tomaria conta dela, nada de mal iria lhe acontecer. Toninha se encarregou do enxoval. Todos os dias verificava se faltava comprar alguma peça. Queria Vida bem vestida, não queria que sentisse vergonha por falta de vestimentas, fosse onde fosse. Pedro, no quinto dia, já estava com tudo arrumado. E, no décimo, como foi combinado, estava em minha casa o *marchand*. Ele tinha um carro todo espelhado. O preto tinia, de tão novo que era. Vida ficou maravilhada! Correria as primeiras cidades naquele carro, que para ela parecia de brinquedo. Acomodamos nele as malas e as pinturas de Vida. Dei-lhe parte de meu material para, de quando em quando na viagem, no momento em que a inspiração batesse, ela colocasse tudo nas telas. E, acenando com vigor, mas com angústia no peito, dei adeus à minha menina e àquele que um dia dormiu com medo em minhas pernas.

Os dias seguintes passaram arrastados. Eu sentia muita falta de minha menina, apesar de ter crianças agora por todos os lados, mas Vida tinha se tornado minha companheira. Acostumei-me com ela ao meu lado entre tintas e pincéis e com suas risadas gostosas. Agora o silêncio era meu companheiro nas horas em que eu pintava. As crianças não iam me procurar. Não estavam acostumadas. Agora eram tantas; as pequeninas me chamavam de paizinho. Eu as pegava no colo e orava pelo seu futuro. O pároco era visita constante e, desde que eu oficializei a morada para *Abrigo da Felicidade*, ele também levava a conhecer as beatas da igreja. Elas davam ajuda a Toninha. Levavam guloseimas para as crianças e iam ensinar costuras e bordados para as meninas. Eu ficava agradecido. Era um trabalho árduo, mas muito gratificante. Meus filhos mais velhos eram muito organizados e, com a orientação de João, não deixavam nada a desejar. De vez em quando, quando estava distraído a pintar, chegava até mim um dos meus filhos para me mostrar uma nova criança. Nos arredores da cidade a pobreza era presente, a fome uma presença constante na vida daquela gente. Muitos pais ficavam tísicos. O pouco que eles conseguiam para comer davam aos filhos, e assim iam enfraquecendo, acabando por sucumbir, deixando os filhos sozinhos no mundo. Às vezes, a criança chegava ao abrigo levada por seus próprios pais. Pediam que, por amor a Deus, cuidássemos delas, porque não aguentavam mais o sofrimento de vê-las doentes e com fome. Amparávamos todas elas. Agora éramos também ajudados pela igreja por meio de doações e quermesses. Pessoas diferentes agora perambulavam pela casa ensinando aos pequenos as primeiras palavras. Eu as olhava e pensava em Vida. Tudo o que ela dissera aconteceu. Ficou longe o tempo das conversas à frente da lareira, onde reunia Toninha e meus filhos. Sentia saudades, sentia saudades de Vida. Sentia

Vida, minha vida 187

saudades de minha pequena Vida. Sentia saudades de Pedro, meu levado em pequeno, que hoje era já homem feito. Toninha, já de cabeça branquinha, ainda era força à frente de tudo. Alice se dividia entre Rosa e as outras crianças pequenas. Graças aos céus e a Vida, o lugar parecia um paraíso, cheio de flores em jardins que Alice sempre cuidara. Nas ampliações que eu fazia na casa, sempre acrescentava algo lá fora. Um caramanchão, um balanço, um banco de areia onde as crianças adoravam brincar. A estrebaria, onde havia diversos cavalos, nem me preocupava em olhar. Meus filhos, sempre orientados por um mais velho, cuidavam de tudo.

Às vezes, eu ficava sentado à soleira da porta onde era meu ateliê. Ficava pensando como tudo começara: um rapaz simples chegado a uma cidade chamada Esperança, sem emprego, só com uma trouxa nas costas, que se enamorou de uma visão.

Já tinham se passado três meses desde a viagem dos meninos. De quando em quando, chegava uma carta, contando as aventuras das viagens. Mas, perto de completar seis meses, chegou uma carta de Pedro. Dizia que voltariam de vez. Minha pequena Vida não queria mais ficar. Seus quadros eram bem vendidos, como dizia Pedro na carta, mas eram obrigados a frequentar quase todas as noites festas e reuniões. "As pessoas são diferentes, não olham dentro dos olhos e, com certeza, não dizem o que sentem" dizia ele "Só sabem falar em fortunas, pesam o ser através dela. Fazem separações e riem nas costas da gente. Somos simples, como o senhor nos ensinou, mas somos também orgulhosos de nossa família e da educação que recebemos" continuava ele. "Vida fala que sua inspiração está até acabando de tanta futilidade que gira em volta de tudo. Queremos voltar logo, mas o senhor *marchand* diz que temos de esperar que todas as telas sejam vendidas e as exposições terminem nas datas marcadas." Mandava um beijo para todos e pedia minha bênção com carinho. Acabei de ler a carta vertendo lágrimas; meus filhos tinham ido mundo afora conhecer riquezas e compreenderam que numa cidade chamada Esperança e num lugar chamado *Abrigo da Felicidade* eles tinham mais do que riqueza.

Agora, eu pouco me alimentava. Às vezes, ia até a cidade fazer uma visita ao doutor, e ele reclamava que eu não estava dando o devido valor à minha saúde. As dores no peito continuavam. Incomodavam, mas eu não reclamava nem falava nada para ninguém. Não os queria preocupados comigo. A atenção deles já tinha de ser muito dividida. E, assim, foram passando os meses. Até que chegou a véspera da chegada de meus filhos. Estava ansioso para vê-los. Essa ansiedade me fazia mal, me apertava o peito. Avisei Toninha e saí para cavalgar até as pradarias. Senti o vento no rosto, senti a liberdade no cavalgar. Lembrei, como sempre, de Vida. Já não era mais aquele moço sonhador, mas o amor que eu tinha por ela não se transformou; o tempo não curou a ferida aberta pela falta que ela me fazia. Era angustiante ficar a esperar e saber que ela não apareceria. Mas eu não conseguia ficar muito tempo sem ir ao meu recanto. Às vezes, tentava me enganar, fazendo de conta que a qualquer momento ela apareceria. Cabelos esvoaçando ao vento, cavalgar rápido! E com aquele chapéu que nunca deixara de usar. Minhas corridas atrás dela, seu correr mágico, que eu só alcançava quando ela, de fato, permitia. Como sentia sua falta! Cheguei ao nosso local de encontro e fiquei encostado naquela árvore que presenciou tantos encontros. Adormeci. Quando acordei, estava num lugar diferente. Pessoas passavam por mim e falavam como se há muito me conheccessem. "Onde estou?" Perguntava-me. "Estava dormindo encostado na árvore e, de repente, me encontro nesse lugar desconhecido".

— Como vai? — me perguntaram. — Seja bem-vindo! — Virei-me e vi quem me falara. Era um senhor de barba, cabelos grisalhos e fisionomia calma.

— Onde estou? — perguntei. — Não me lembro de ter cavalgado mais. Estava dormindo sob a árvore e, de repente, me encontrei aqui.

— As dores no peito, a angústia, nada mais sentirás aqui.

— Aqui onde? — perguntei. — Quero voltar para casa. Toninha me espera, e meus filhos já devem estar preocupados.

— Talvez amanhã possa vê-los, mas no momento tens de descansar. Fizeste uma longa viagem e, no momento, não podes retornar.

— Por favor! Fale-me claramente! Está me falando em enigmas, como já aconteceu em minha vida!

— Venha! Vamos caminhar. Vou lhe mostrar um paraíso. Aqui não se sentem dores nem saudades. Aqui se chega depois da missão cumprida na Terra.

— Terra! Então desencarnei? A dor no peito, a máquina que estava rateando falhou de vez! E meus filhos? Ficarão esperando minha volta! A pequena Vida e Pedro voltarão de viagem e não me encontrarão! Vão sofrer! Não queria causar sofrimento a eles.

— Venha! Vamos esperar a chegada deles. Eles estão sempre à sua procura, não tardarão em encontrá-lo.

E, como num passe de mágica, estava eu e esse senhor perto de meu corpo, que jazia ali encostado, como se dormisse sob a árvore. De repente, despertei com João me chamando. Até respondi, mas ele foi em direção ao meu corpo, que jazia agora ali.

— Como posso estar em dois lugares ao mesmo tempo? Como posso lhe falar e estar ali deitado na relva?

— O quê vês agora ali recostado é só matéria, o que está me falando é só espírito. Lembras de Vida?

— O senhor a conhece? Por favor, me leve até ela! Agora lembro que ela me falou que quando dessa Terra me fosse eu a encontraria.

— Não foi bem assim! — disse ele. — Ela pediu que a esperasse na eternidade.

— Então, senhor! Se vou esperá-la, é porque vou encontrá-la, somos iguais agora! Posso cavalgar com ela, sem ter de deixá-la ir embora.

Parei de falar me dando conta de que João chorava. Abraçava-me, me chamando, pedindo que despertasse. Chorei também. Meu menino, meus meninos, fosse para onde eu fosse, com certeza nunca os abandonaria. E, com esses pensamentos, me senti leve, senti que estava indo embora e adormeci. Eu dormia e acordava, não sei quanto tempo fiquei naquele estado de letargia. Quando, de fato, despertei, a primeira coisa que fiz foi perguntar por Vida.

— Precisas ter paciência — falaram-me. — Eu estava deitado numa cama ao lado de várias outras, onde havia outras pessoas deitadas. Já os sabia desencarnados como eu. E me perguntava qual seria a história de cada um. Será que algum deles tinha convivido na Terra com um espírito? Se tivesse acontecido, seria melhor para eu entender, conhecendo uma história igual a minha, mas eles pouco falavam. Naquele momento, o mais desperto era eu. Pedi permissão para sair dali. Queria andar, procurar quem em vida perdi.

— Precisas ter paciência, logo virão lhe falar.

E foi o que aconteceu. Aquele homem de ar bondoso que me recebeu, quando desencarnei, veio me ver e me falou coisas que, a princípio, não entendia. Falou-me de novas vidas, reencarnação e tempos diferentes entre o mundo espiritual e os viventes na Terra. Dizia que eu tive uma missão bonita e resgatei erros de outras vidas.

— Pouco entendo do que o senhor fala! — disse a ele — mas, por favor, se fiz tudo isso que falas, me leve a ver Vida!

Nisso, veio até mim uma moça bonita, com uma bandeja e diversas jarras de suco. Cores diferentes, sabores diversos, era tudo muito estranho. Ofereceu-me e recusei.

— Como posso me alimentar, se agora sou só espírito? — perguntei a ele.

— Ainda estás fraco. Ainda precisas dos alimentos que fizeram parte de sua vida. Prove! — dizia ele. — Te sentirás melhor! E então irás comigo percorrer lugares onde, se quiseres, poderás trabalhar.

— Trabalhar! Como! Desencarnei, sei que vivo não estou mais, para que trabalhar? Não preciso mais de dinheiro, ou penso que não preciso. Ou aqui também se paga alguma coisa?

— Todos têm algo a pagar — respondeu ele. — Só que dinheiro agora não é mais preciso, mas muitos precisam de ajuda. Poucos têm a compreensão de que partiram da Terra. Precisam de ajuda, sofrem como se fossem encarnados ainda. Mas vamos conhecer alguns lugares, lugares de estudo, de recreação, jardins onde podes passear, e uma vasta biblioteca onde podes te distrair e aprender o que se passa aqui. Se quiseres, também podes continuar a pintar. Podes mandar intuição para sua filha das telas que estiveres pintando e continuar seu trabalho.

— Meus filhos? Como estão? Posso vê-los?

— Não neste momento, mas depois, quem sabe? Só dependerá de você!

Peguei o copo de suco que me foi oferecido e bebi. Senti-me bem. Não pensei que precisasse tanto daquilo. Deram-me para vestir uma roupa larga, que me dava uma leveza e me punha à vontade. Acompanhei meu cicerone. Sabia o quanto precisava dele. Tudo me era desconhecido. Andamos por vários lugares. Alguns até me lembravam a cidade em que morava. Vida não saía de meu pensamento. Não queria ser inoportuno, perguntando toda hora por ela, mas ansiava por vê-la. Se eu era agora também só espírito, então por que não vê-la? Fui caminhando com ele por lugares lindíssimos e tranquilos. Ele me levou até uma sala onde havia várias pessoas sentadas em confortáveis cadeiras a escutar o que um senhor que estava em pé à frente de todos falava. Meu acompanhante me indicou um lugar vazio e pediu que ali me sentasse. Estranho, não poderia imaginar que isso fosse a morte. Falaram-me durante a vida toda de céu, inferno, e estava eu ali morto e sentado com outras pessoas, como se vivo ainda fosse. Como se lesse meus pensamentos, meu acompanhante pediu que eu prestasse atenção no que estava sendo dito. Envergonhei-me por ter estado disperso e comecei a prestar atenção em tudo o que estava sendo dito. Comecei, então, a compreender o que estava acontecendo comigo. Meu corpo, que ficara sob a árvore, era só matéria, uma encadernação para meu perispírito, para que eu fosse mais um andante pela Terra. Escutei sobre outras vidas, reencarnação, livre-arbítrio e sobre como poderíamos ajudar os que continuavam sofrendo depois de terem feito

Vida, minha vida 193

a passagem. Falou-nos de um portal que dava para lugares tristes. Só quem estava preparado e autorizado poderia atravessá-lo. Mais tarde, fiquei sabendo que esse triste lugar se chamava umbral. A palestra, como chamavam aquela reunião, acabou, mas pediam que voltássemos mais tarde, que mais aprenderíamos. Saí dali com meu acompanhante e percebi que todos andavam, no mínimo, em pares. Fomos até a biblioteca à qual, pelo que ele me disse, eu sempre teria livre acesso. E, para minha maior surpresa, entramos em um salão onde o piso parecia vitrificado, as paredes aveludadas e quadros dispostos por todo o lado. Fiquei impressionado. O único lugar onde tinha visto beleza parecida tinha sido na fazenda de L.C. Fui andando pelo salão e, às vezes, até o teto girava, todo pintado com figuras angelicais. Ao fundo, pessoas estavam a pintar em telas como se na Terra estivessem.

— Como pode ser? — perguntei ao meu acompanhante.

— Tudo o que existe na Terra você encontrará aqui. Só os vícios e coisas ruins lá ficaram. São coisas que o próprio homem desenvolveu para sua própria destruição, mas o que ajuda, o que dignifica, você encontrará aqui. São plasmadas, por isso, iguais às que existem na Terra.

Ele me indicou um lugar em que havia tela, cavalete e tinta de várias cores. Disse que eu me pusesse à vontade, que mais tarde voltaria para me buscar. Fiquei parado olhando à minha volta. Ninguém pronunciava uma palavra. Estavam todos absortos nas telas que pintavam. Arrumei tudo do meu jeito e comecei a retratar as belezas que vira naquele lugar. As cores eram diferentes, pareciam luminosas, parecia que davam vida às telas, como se pudessem penetrar nelas, de tão real. Quando estava quase terminando, voltou aquele senhor, tocou de leve o meu braço e pediu que o acompanhasse. Coloquei de lado os pincéis, e ele ficou a contemplar o desenho. Eu tinha retratado o jardim, onde pouco antes de começar a pintar passeara com ele.

— É maravilhoso — disse ele — mas agora vamos retornar à palestra, sua iniciação a esse novo mundo, o mundo espiritual.

Acompanhei-o já firme em meus passos. Ele, ao contrário de mim, tinha uma leveza no caminhar, às vezes parecia que deslizava.

— Vocês não dormem? — perguntei a ele.

— Não é preciso. A não ser aqueles que chegam e precisam desse estado letárgico até chegar o tempo de compreensão e de adquirir ensinamentos. Aqui não há dias e noites. Há claridade e escuridão. Onde estamos e em vários lugares como este, espalhados por toda essa imensidão que é o mundo espiritual, só existe claridade. Onde só há escuridão, você aprendeu, na primeira palestra, só vive quem se nega a ser ajudado. Quem não se arrepende dos malfeitos e não acredita que só a fé em Deus pode ajudá-los. Só depois de muito sofrimento e de irmãos a lhe estenderem a mão, conseguem dar o primeiro passo para encontrar a salvação. Deus não quer seus filhos em sofrimento, mas quer que tenham entendimento da vida tortuosa que caminharam. Mais tarde, quando já tiveres entendimento de tudo, poderás ir comigo a esse trabalho, que é resgatar os que estão perdidos. Mas tens de aprender primeiro as palavras certas. As orações sinceras que lhes toque o coração. Porque, se não estiveres preparado, eles tentarão te envolver, para não mais retornar à claridade. Mas isso fica para mais adiante. Vamos, agora, à palestra, para escutares sobre este mundo novo.

Escutava tudo com muita atenção. Muitas palavras já tinha ouvido dele e vinha do palestrante a confirmação. Quando acabou, ele me levou ao que parecia um alojamento. Era um lugar com várias camas, cada uma com sua mesa de cabeceira e sobre ela um vaso com flores... rosas. Então, não pude mais me conter.

— Senhor, perdoe se estou aflito, mas minha espera por Vida já se faz interminável!

— Hoje aprendestes mais sobre reencarnação, foi o que aconteceu com sua Vida. Reencarnou no seio de sua família. Ela fazia um lindo trabalho com as crianças que desencarnaram e sofria com o afastamento da família. Vida as consolava, cuidava delas para que fossem preparadas para uma nova encarnação. Nos momentos de folga (todos que aqui trabalham têm esse direito), ela ia cavalgar nas pradarias, tinha essa permissão. Só não se pensava que se envolveria com um grande amor. Mas Vida era toda doçura e seu trabalho, irrepreensível! Chegava, às vezes, correndo, esbaforida, mas nunca esquecera de suas obrigações com as crianças. E, na Terra, conduziu crianças a sua casa. Crianças que foram adotadas por você, que lhes dava teto e abrigo.

— Como podes saber da minha vida? Não precisas explicar, és como Vida! Sabes tudo o que acontece na Terra.

— Não sou sabedor de tudo, como pensas. Só Deus tem esse direito. Somos limitados. Sempre há alguém acima a nos orientar, mas sabia sobre Vida, porque era eu o seu orientador. Eu pedi permissão para recebê-lo e também ser o seu. Mas, falando mais sobre Vida, você a teve de novo nos braços. Até lhe deu novo nome para que vivesse sua nova encarnação.

— Rosa! A menininha rosada que me encantou de imediato! Ela é Vida? — perguntei a ele.

— Ela agora é Rosa. Como você mesmo disse: a menininha rosada que encantara a todos.

— Meus Deus! E agora? Simplesmente fizemos uma troca! — disse a ele. — Agora estou aqui "morto" e ela vivendo em minha casa.

— A primeira coisa que tens de aprender é que não se morre. Somos transferidos para este mundo espiritual, do qual não se perde contato com a Terra. Repouse um pouco agora, ainda precisas desse sono. Beba um pouco do suco e acordarás melhor, com mais entendimento.

Olhei a jarra sobre a mesa, onde também estavam as rosas, peguei um copo, derramei aquele suco amarelado, deitei e realmente dormi. Aquela foi a última vez que me deitei para ter um sono reparador, como diziam.

Os dias que se sucederam me envolveram completamente. Ia até a biblioteca, onde lia os ensinamentos de que precisava. Porque sobre vida espiritual, só sabia de Vida e mais nada. Pintava minhas telas e pensava na minha pequena Vida. Às vezes, parecia que ela estava ao meu lado pintando. Sentia muita falta dos meus filhos. Pedi ao meu cicerone para vê-los, no que fui prontamente atendido. Teria de ir acompanhado por ele e equilibrar minhas emoções, como diziam. O que eu sentisse no momento de vê-los, que não fosse tristeza. Porque essa energia, com certeza, passaria para eles. Preparei-me todo. Deram-me outra muda de roupa. A que eu estava usando estava toda suada… suor… espírito… Às vezes parecia que não entendia nada, mas aprendi que, para saber, é necessário perguntar. Então me foi explicado que eram energias ainda em meu perispírito instaladas que ocasionavam tal suor. Com o tempo, isso acabaria e eu usaria a mesma vestimenta sem trocar.

Esperei ansioso o momento de ir até meus filhos. O senhor, que sempre me acompanhava, colocou a mão em meu ombro e, sem perceber que tinha saído do mundo espiritual, estava na saleta de minha casa. Era de manhã. Não sabia o horário, mas sabia que devia ser bem cedo, pois todos ainda dormiam. A primeira coisa que visualizei foi meu retrato em cima da lareira ao lado de Vida. Pelo toque, pela pintura, com certeza quem o tinha retratado tinha sido minha pequena Vida. Fiquei por um momento ali parado olhando. Uma tela, uma foto. Uma luminária de cada lado e, no meio, uma jarra com um buquê de rosas. Fiquei emocionado. Meu acompanhante tocou de leve meu ombro, dizendo:

— Nada de tristezas, tens de exalar alegria para esses que fizeram parte da sua família.

Enxuguei uma lágrima que teimava em rolar e pensei: "Deve ser a tal energia que ainda não deve ter se dissipado". Fui em direção ao quarto de Toninha e a vi deitada em sono profundo, sua cabeça branquinha parecia algodão colhido e disposto lado a lado. Coloquei um beijo em meus dedos e depositei em sua testa. Sempre tive, e ainda tinha, um sentimento profundo de amor e respeito por aquela mulher. Ela respirou fundo e achei até que tinha sentido o beijo. Fui até o quarto de Pedro. Ele e João dividiam o mesmo, e, quando João se casou, Pedro ficou absoluto no quarto. Mesmo com a chegada de outras crianças, nunca pedi que o dividisse com alguém, era seu mundo. Mas, agora, penetrando naquele ambiente que bem conhecia, deparei-me com uma cena que já vira antes. Pedro estava dormindo rodeado de crianças, como um dia aconteceu comigo. Tinha um que estava rodeado em suas pernas. Fui até perto da cama. Olhei as crianças, fiz uma oração pedindo que bem se encaminhassem.

Fui até Pedro e fiz-lhe um afago nos cabelos. Ele abriu os olhos e disse:

— Pai! Estás aqui, pai?

Dei um passo para trás espantado, mas meu acompanhante me tranquilizou, colocando o dedo nos lábios e a mão sobre Pedro. Ele voltou a dormir. Saímos dali e quis saber o que acontecera.

— Ele sentiu sua presença — disse ele. — Lembras o que acontecia com você? Tirando as crianças, só você que a via. Isso se chama mediunidade. Pedro é igual a você.

Fomos até o quarto de Alice e Vida. O mesmo aconteceu com elas. As três meninas que chegaram foram acolhidas por Alice. Como Vida era muito pequena, a princípio dormia com Toninha, mas depois ficou a cargo de Alice. Alice cuidava dela como se fosse sua filha. Ela dormia com seus cabelos esparramados no travesseiro. Era uma bela menina, uma bela mocinha. Olhei as telas espalhadas pelo quarto, quase não se via o chão. Era telas pintadas e quadros já emoldurados para todo lado. Mandei-lhe um beijo e todo o meu amor. Como a amava. Como amava meus filhos. Fui aos outros quartos onde dormiam os outros meninos e meninas. As irmãs da pequena Vida já eram moças formadas. Todas foram ótimas crianças e, com certeza, continuaram esse caminho. Fui me despedindo, me encaminhando para a porta.

— Não é preciso — disse meu acompanhante — sei onde queres ir.

E tocou de leve em meu ombro, senti uma leveza e, como num passe de mágica, estava na casa de Alice. Ela já estava acordada, preparava para Rosa a mamadeira. Fiquei espantado. Rosa crescera, quanto tempo já tinha se passado desde que eu morrera? Morrera? Não! Outra coisa que aprendi no mundo espiritual é que não se morre. Morrem os vegetais, as flores, a relva macia quando queimada pelo sol forte ou a ignorância dos homens, mas o ser humano, que habita todo esse mundo terrestre de meu Deus, desencarna. Apenas se desliga da matéria por ele usada para mais uma encarnação, para passar para outro plano, o mundo espiritual, onde terá ajuda. Ajuda para resgatar o que não conseguiu fazer e retornar em outra vida, com melhor entendimento sobre como viver melhor. Às vezes, são tantos os retornos que o feito ficou longe, mas não esquecido. Despertei dos meus pensamentos com a palavra acolhedora de meu amigo.

— Estás certo! É exatamente o que acontece. Tens aprendido bastante! Já é tempo de ires comigo para fazermos o tal resgate.

O choro de Rosa colocou ponto final nas ponderações. Alice a pegou no colo e a alimentou, era uma bonita visão. Então, ali também estava Vida. Como poderia eu encontrá-la, se agora vivia a nova encarnação na minha pequenina?

— Vais entender! — disse meu amigo.

Assim eu o considerava, pois estava sempre comigo.

— Temos de ir — disse ele — acabou nosso tempo. O trabalho nos espera. Temos deveres e obrigações, tudo a seu tempo.

Despedi-me de minhas meninas, mandando-lhes bons fluidos, retribuindo tanto amor que tiveram para comigo. Voltamos ao mundo espiritual. Agora eu não ficava mais no antigo alojamento. Fui habitar uma pequena casa, dividindo-a com mais três amigos. Como tantas vezes aconteceu em minha casa com Toninha, ficávamos a confabular por horas. Havia na casa uma ampulheta (aprendi que era assim chamada) com areia rosada, que servia para marcarmos o tempo de nossas conversações. Ali trocávamos ensinamentos e aumentávamos nosso discernimento. Reuníamo-nos depois do trabalho, já era uma rotina. Era prazeroso, até acalentava a saudade que eu tinha de Vida. De quando em quando, ia com meu acompanhante visitar os meus, acompanhava o crescimento de Rosa e a missão que meus filhos herdaram e, como eu via, estava bem encaminhada.

João aprendera bem. A casa já tinha ampliações, e ele se preocupava com que todos vivessem com conforto. Às vezes, encontrava Toninha na varanda se balançando em uma aconchegante cadeira e seus pensamentos voando como o vento em seus cabelos. Ficava absorta. Dona Margarida, também já bem idosa, com ela conversava, mas eram palavras jogadas fora. Toninha vivia, no momento, as lembranças do passado. Certa manhã, bem cedinho, ela foi se sentar em sua cadeira. Ficou a balançar e, nesse balanço, fez a passagem. Eu a tudo assisti. Sabia que não poderia interferir, mas pedi permissão para ajudá-la. Meu braço amigo a apoiou e a conduziu para seu novo abrigo. Levei-a meio adormecida. Ela abriu os olhos e pronunciou:

— Daniel, é você mesmo...

— Sim, Toninha, mas agora repousa, que ficarei contigo.

E, assim, tive minha boa amiga comigo. Ela passou a fazer parte da roda de conversa que entabulávamos para aumentar e trocar conhecimentos. O caminho que fiz quando lá cheguei foi o mesmo que usei para conduzir Toninha. De momento, não fiquei feliz com sua partida de perto dos meninos, mas depois entendi que com tempo terminado, o retorno teria de ser feito. Graças aos céus, de uma maneira amena e missão cumprida junto aos seus. Foi doloroso para os meus filhos sua partida. Toninha era a força familiar. Mas Alice a substituía muito bem, como víamos nas nossas andanças, quando íamos visitá-los para lhes levar boas energias e ajudá-los quando possível. Rosa, então, já era uma mocinha, era a alegria daquela casa. Eu a olhava e via Vida.

CAPÍTULO 4

O tempo passa depressa

Cada vez que íamos visitá-los, agora também em companhia de Toninha, tudo estava diferente. Mais crianças eles tinham. Ao lado da casa de João e Alice outras casas foram construídas, mas meus filhos mais velhos estavam todos casados, todos constituíram família. Para minha surpresa ou não, já vinham de outras vidas vividas. Pedro e minha pequena Vida estavam casados e viviam na casa principal felizes. Acho que ali eles permaneceram por causa do *ateliê*. Vida era inspiração plena, como se podia ver em suas telas. Quando eu estava a pintar, agora em outro plano, pensava nela o tempo todo, mesmo estando ali a pintar absorto. As linhas que ela traçava tinham algo em comum com as minhas. Seus quadros pareciam os meus quadros, e graças aos céus isso ocorria. Em uma das vezes em que lá estivemos, estava lá o *marchand*. Apesar de Vida não ter permanecido com ele em outro país, ele não a abandonou. Continuava a vender suas telas, o que, junto com a lojinha, garantia a sobrevivência da família. Pedro não mais viajava. Cuidava, junto com João, de tudo que fora deixado por mim. E, pela quantidade que víamos, agora, de fato, também criavam cavalos. Aqueles por mim adquiridos lhes serviam de montaria, mas, como era de meu conhecimento, agora eles tinham várias raças distribuídas em estrebarias. A ferraria tinha vários trabalhadores. Alguns eu nem conhecia. Eram aprendizes e, com certeza, também viviam na casa. José, já com seus pés arrastando, agora deixava tudo a cargo de João. João era um bom moço, tive a graça de conviver com ele.

Agora, pouco ia até eles. Tinha todo o meu tempo tomado em aprendizagem para melhorar meus conhecimentos e ter mais entendimento do que se passara comigo na minha permanência na Terra. Toninha ficou um tempo morando comigo, mas depois foi junto com um grupo fazer caminhadas para amparar aqueles que ainda não tinham entendimento de que tinham feito a passagem e precisavam de ajuda. Queria tê-la sempre perto de mim, mas seria egoísmo. Quando dela precisei, fui amparado, agora outros dela precisavam. Toninha, mais do que eu pensava, era puro conhecimento. Foi ela até que deu a explicação de nossa ligação. Em outra encarnação, eu fui seu filho. Não na forma masculina, eu nasci filha de fidalgos, mas me apaixonei por um cavalariço. Permissão para isso me foi negada. Então, aconteceu o inevitável. Eu, uma moça cheia de sonhos, enamorada de um rapagão forte, garboso, deixei-me envolver em suas artimanhas e fiquei esperando um filho. Fui acorrentada, chicoteada até que acabei por perder a criança. Vivi em tristezas, fui definhando e acabei desencarnando. Minha mãe ficou arrependida, chorava todos os dias sobre meu túmulo. Meu pai sempre fora neutro. Assistiu a tudo sem nada fazer. Aquela que um dia fora minha mãe desencarnou, mas, já em arrependimento, fora ajudada e pediu para reencarnar vivendo sua vida a se dedicar aos filhos de outrem. Pediu que seus caminhos com o meu se cruzassem, para que pudesse resgatar o feito de outra vida. Vida foi nossa ligação. Quando tudo me foi narrado, chorei. Abracei-a e disse que ela tinha sido, para mim, mais que uma mãe. Tinha sido companheira de todas as horas. Eu, por minha vez, tendo entendimento do que se passou nessa outra vida, optei por não ter filhos nascidos meus, mas queria tê-los encaminhados pela vida, para fazer ou tentar fazer suas vidas mais amenas. Acho que consegui. Graças a Deus, Toninha e Vida.

Agora, tempo passado, sigo minha vida espiritual esperando algum acontecimento. Vida ainda vivia em meus pensamentos. Era para ser uma leve recordação, mas não era o que acontecia. Ela estava cada vez mais viva no meu coração. Continuei a pintar e isso me envolvia, me deixava preparado para a ajuda que mais tarde daria. Os pais de Vida desencarnaram, quase um depois do outro. Depois que a mulher partira, o marido desencarnou de tristeza. Fui vê-los, mas foram levados, separadamente, para um lugar de atendimento. Disseram que depois ficariam juntos. Não com a mesma condição em que viveram, mas seriam companheiros para uma nova missão. Dona Margarida, quando desencarnou, não ficou muito bem. Quando se deu o desencarne, se pegou a outra vida já vivida e sofreu. Ela tinha sido uma rica senhora. Fora cruel com seus empregados e lhes negava até o pão. Fora sovina, a ninguém ajudava, queria juntar tesouros como se fosse levá-los para outra encarnação. Reencarnou e lhe faltou até o que comer. Viveu numa modesta casa onde, se não plantasse, não comeria, a não ser que lhe dessem por caridade. Mas seu resgate veio por meio das criancinhas que acolhera e levou para serem amparadas, pois não queria que passassem fome. Aos poucos, ela foi entendendo tudo. Às vezes, eu ia até ela e a consolava, dizendo ela ter sido peça importante na vida daquelas crianças.

A ampulheta... perdi a noção do quanto ela já tinha sido virada. Às vezes, caminhava pelo jardim e as rosas admirava. Rosa... Rosa... pedi permissão para vê-la. Foi-me negado. Fiquei triste, mas entendi que teria de viver ali meus momentos. Para os viventes na Terra, o tempo passa depressa. Agora, esporadicamente, quando tinha notícias da minha família, muitos já haviam casado, até avós já eram. Muitos se formaram nas mais diversas profissões. Alguns viajaram em busca de trabalho que correspondesse às suas aspirações.

De Vida não consegui mais saber, mas estava tranquilo. Fazia minhas obrigações e cada vez mais pintava. Na verdade, não sei para onde tantos quadros iam. Só sei que, quando lá chegava, as telas prontas não estavam mais e outra tela havia no cavalete para ser pintada. Continuava assistindo às palestras e confabulando com meus amigos. Meu cicerone agora estava em outras paragens. Tinha sido um grande amigo. De Toninha tinha sempre notícias. Até que, para minha surpresa, estava um dia eu absorto pintando quando senti sua presença.

— Daniel, senti saudades suas. Pedi permissão para vê-lo.

Fui até ela e abracei-a. Agora ela não tinha mais branco em seus cabelos.

— Fui até a casa ver a família — disse ela. — A pequena Vida já tem lindos filhos. Alice teve mais três filhos. Rosa substitui muito bem Alice. É ela que cuida agora de tudo. A moradia agora é enorme. O *Abrigo da Felicidade* abriga mais de cem pessoas. A cidade cresceu. O pároco não reza mais missa. Está adoentado, perto de seu desencarne.

Escutei tudo calado. A saudade ainda me doía. Às vezes, pensava não estar preparado para as missões que eu tinha, por ainda ter ficado em vidas passadas todo o amor que sentia. Às vezes, me isolava naquele jardim. Sentia falta da minha amiga árvore, e de como ela me acalentava quando me encostava nela.

Um dia vieram me buscar. Disseram ter uma grata surpresa.

— Vida! — disse. — É o que mais quero nessa vida. Mesmo sendo vida espiritual.

Não me responderam, me conduziram até um jardim afastado. Quando lá chegamos, me deparei com algo conhecido. Minha amiga árvore estava ali plasmada, me convidando para o abrigo. Abracei meus acompanhantes e agradeci ao Senhor de todas as coisas. Agradeci o carinho inesperado e a bondade para comigo. Eles se foram, me deixando ali sozinho. Fui até ela devagar, como se em uma procissão estivesse. Cheguei perto e a toquei. Era a mesma, pensei. Todos os detalhes ela tinha, até as iniciais nela gravadas, DV. Fiquei emocionado. Ela fez parte de minha vida. Sentei-me e encostei nela, como em vida sempre fazia. A sensação de bem-estar me veio, como se na Terra estivesse. Quando abri os olhos, não estava no mesmo lugar. Estava realmente na árvore em que ia encontrar Vida. A relva, as flores, o barulho que as aves faziam, tudo estava igualzinho. Ouvi um relinchar, era meu baio. Como podia ele estar ali? Ou como podia "eu" estar ali? Fui até ele e lhe fiz montaria, ele aceitou de pronto. Cavalguei acariciando sua crina. Comecei a correr com ele, e cavalguei pelas pradarias. Senti a sensação de retorno e, de repente, na mesma árvore, em outro plano, eu estaria.

Agora, sempre no meu tempo vago, sentava-me sob a árvore, fechava os olhos e me transportava para o mesmo lugar. Meu baio sempre à espera. Ele não era plasmado, tinha adoecido de saudades minhas logo depois da minha passagem e acabou por findar. Agora era de novo meu companheiro. Eu estava maravilhado. Certo dia, em minha corrida desenfreada, quase atropelei alguém. Levei um susto, mas me recuperei. Pedi desculpas e continuei a cavalgar. "Alguém tem permissão de ali ficar", pensei, "mas a coincidência de lugar…"

Agora trabalhava com mais ardor. Fazia minhas rezas, minhas pinturas, ia às palestras, encaminhava quem precisava de ajuda e ia cavalgar. Agradecido a Deus por isso.

O tempo foi passando. Tempo era o que eu mais tinha. Tinha todo o tempo do mundo. Continuei minhas cavalgadas, mas a direção era sempre a mesma. Queria ver a que fora minha família, mas, no trotar, meu baio não obedecia. Então eu ficava a correr pelas paragens que eu já conhecia bem. Até que certo dia tornei a esbarrar em alguém. Dessa vez, apeei e fui ver se tinha feito algum estrago. Para surpresa minha, a moça nem estava assustada. Aproximei-me, pedindo a ela desculpas, puxando meu baio pela rédea. "Que linda moça…", pensei, e fui logo me apresentando.

— Sou Daniel! — disse a ela. — Estás a esperar alguém? — Ela me olhou espantada e disse não me conhecer.

— Não és da cidade! — disse. — Nunca o vi na cidade, mas, pela segunda vez, quase me atropela com seu cavalo. — Pedi desculpas e fiquei a observar. Conhecia aquelas faces rosadas... Rosa...

— Seu nome é Rosa?

— Como sabes como me chamo? És adivinho ou cigano?

— Nem uma coisa nem outra. Conheço-a desde pequena, e suas faces rosadas são marcas em seu rosto.

Convidei-a a se sentar sob a árvore e ficamos a conversar. Perguntou se conhecia sua família, que tinha tantas crianças a criar.

— Vá nos visitar! — pediu ela. — Minha mãe vai adorar conhecê-lo. Ela está sempre ocupada. Cuida da criançada com o maior zelo. Muitos já se foram, como conta ela, o *Abrigo da Felicidade* começou devagarinho e hoje abriga tanta criança que é o lugar mais importante da cidade. Depois da igreja, é claro.

Ri com essa observação. Aproveitei e perguntei pelo pároco.

— Ele está adoentado. Missa não reza mais nem sai mais de casa. Minha mãe prepara uns quitutes e pede que eu leve para ele. Ele gosta muito de conversar. Conta histórias desta árvore onde estamos. Conta que é assombrada, que espíritos vivem nela. Conta que ela não muda nunca. Nunca, nem no outono ela fica desfolhada. Mas eu não tenho medo, ao contrário, por curiosidade, por tanto que ele contou, vim conhecê-la, e acabei encontrando nela um abrigo. Gosto de me sentar sob ela e contar como foi meu dia. Venho quando estou triste e quando estou alegre também. Na verdade, venho quase todos os dias. Estar aqui sentada sob ela me faz muito bem.

Escutei tudo emocionado, parecia a minha história. Disse a ela que não poderia mais ficar, teria de ir embora.

— Volto outro dia — disse. — Sempre na mesma hora.

Fui embora lhe acenando. Era uma linda moça. Vida ou Rosa? Será que uma sabia da outra ou as duas eram um todo? Pediria ajuda para compreender, muita coisa ainda não entendia, ainda mais quando se tratava de Vida. Mesmo quando ia embora a cavalgar, depois de um tempo me encontrava no mesmo lugar, mas sem ele.

Fazia minhas obrigações, e Rosa não saía de meu pensamento. Outras vezes a encontrei. Por intermédio dela, sabia de tudo o que acontecia no *Abrigo da Felicidade*. Tive notícias da pequena Vida, que já era mãe de três fortes rapazolas. Rosa devia ter mais de vinte anos, uns vinte e cinco para ser um pouco mais preciso. Era linda! Formosura plena. Às vezes a olhava e via Vida.

Um dia, estava a esperá-la sob a árvore e ela não apareceu. Pensei que estivesse doente e fiquei preocupado. Pensei nela, mandando energia positiva, e não me senti bem.

— Sabes o que está acontecendo? — virei-me e vi alguém bem conhecido, era meu cicerone.

Pensei até que ele tivesse reencarnado, já há um tempo vivendo outra vida. E ele tornou a me perguntar.

— Sabes o que está acontecendo?

— Onde? — perguntei. — De que lugar ou de que estás falando?

— Falo da mocinha que aqui encontras. Pela mediunidade que ela possui, ela pode vê-lo e falar-lhe, mas vamos até a casa dela. Ver será a melhor explicação a lhe dar.

De repente, estava na casa de Alice. Ela estava chorando, Rosa chorava também. Então passei a escutar a conversa de ambas.

— Não quero que vá mais lá! — dizia Alice.

— Por que, mãe? Por que não posso ir ao encontro do meu amigo? Só porque é homem? Mas nunca me faltou ao respeito! Só conversamos, mãe! Eu falo de você e de todas as coisas aqui acontecidas. Ele escuta com a maior atenção e até parece conhecê-los!

— Rosa! — disse Alice chorando ainda mais. — Não tenho certeza de quem seja, mas outro dia, com mais calma, lhe conto toda uma história que fez parte de minha vida. Esse não é o momento apropriado. Vamos nos reunir outro dia e, então, lhe contarei toda a história. Chamarei Vida e Pedro e, juntamente com seu pai, tudo lhe esclareceremos. Olhe o quadro na saleta da casa grande. Olhe bem! Veja se não há semelhança com seu amigo.

Eu assisti a tudo petrificado. Meu amigo colocou a mão em meu ombro e retornamos ao mundo espiritual.

— Vamos conversar — disse ele.

E fomos até um lugar de muita claridade, pessoas andavam por todo o lado. "Pessoas, não!" Espíritos... ainda não estava totalmente acostumado a esse outro plano. Era uma praça, toda arborizada, com flores de diversos tipos. Até o ambiente perfumava. Apontou-me um banco e pediu que ali com ele me sentasse. Sentamos e ele, com o braço em volta de meu ombro, começou a falar.

— Daniel! Tens todo o direito de cavalgar. Seu trabalho é árduo. És disciplinado. Foste um homem de fé e atendeste a todas as expectativas. Superaste o desencanto e formaste uma bela família. Deste amor e o recebeste. Fizeste ensinamentos que até hoje são praticados, mas não confunda as coisas. Rosa não é Vida nessa encarnação por ela vivida. Lembre, ela é sua neta!

Você criou Alice, moldou-a, deu-lhe todos os ensinamentos até ela formar sua própria família. És o pai do seu caminho. Na fé, direito adquiriste por isso. Rosa, por direito, é sua neta!

— Não foi de propósito o nosso encontro! — disse. — Estava a cavalgar quando esbarrei nela. Na minha amiga árvore, encontrei-a absorta em pensamentos, quis conversar com ela, achei que já a conhecia, mas não sabia que era Rosa, filha de Alice. Mas não se preocupe, manterei distância, sei que terei de esperar Vida. Não sei como será, mas já percebi, e ela mesma um dia me falou. O tempo na Terra e no plano espiritual é diferente. Então, mesmo ansioso, terei toda a paciência para esperá-la, seja até quando for.

— Louvo seus conhecimentos — disse ele — mas, de agora em diante, tenha cuidado para que Rosa não o veja quando fores fazer sua cavalgada.

Agradeci a ele e fui cumprir a missão que era destinada a mim. Fiquei um pouco amuado. Não queria interferir na vida de minha família. Fiquei triste em ver Alice chorar. Minha menina, que um dia guiada por Vida, chegou a minha casa, começando um torvelinho de emoções. Fiz todo o meu trabalho e fui colocar nas telas a emoção que estava sentindo. Mais tarde, sentei sob a árvore e mandei energia purificada para Alice. De novo chegou meu cicerone.

— Vamos até lá? — disse ele.— Queres ver o que está a acontecer?

— Claro — respondi — estou preocupado com os sentimentos que Rosa possa ter.

— Tudo vai ficar a contento, vais ver!

E, assim, ficamos na sala de Alice, parecendo fazer parte da reunião que agora ali se fazia.

— Então, nosso pai está por essas paragens! — disse Pedro.

— Não tenho certeza — respondeu Alice. — Pedi que Rosa fosse descobrir no retrato da saleta alguma semelhança com seu amigo. Então, Rosa? Foste até lá para ver! — Rosa continuava calada. — Rosa! O que aconteceu? Por que ficaste muda? Há alguma semelhança entre seu amigo e seu avô?

— Quase todas, mãe! Só que ele é novo, forte. Não pode ser ele. Meu avô desencarnou há muito tempo e já com idade avançada. Daniel é moço novo, mas não sei por que tanta preocupação. Já lhe falei que somos só amigos. E, com certeza, ele não é espírito: ele é de carne e osso!

— Não podes saber a diferença! — disse Alice. — Um dia, há muito tempo, uma menina com seus tenros sete anos foi abandonada à própria sorte. Viu-se só, numa cidade para ela desconhecida, com fome e sem abrigo, mas encontrou em seu caminho uma linda moça com olhos que pareciam brilhantes, que a encaminhou para um lar onde vive até hoje, feliz, com seu marido e seus filhos, muitos de seu casamento e os que foram vindo através da vida.

— É você, mãe! És a menina da história? E quem é essa moça tão bonita e tão boa?

— Eu era a menina, e o outro retrato que está ao lado de seu avô responde à sua pergunta. Lembras do nome, não é?

— Vida! A moça mais bonita da região, como dizia Toninha. Tia! A senhora herdou o seu nome? — perguntou Rosa.

— Fui batizada pelos pais de Vida e, em homenagem a ela, me deram o seu nome.

— Eles eram casados, não eram? — perguntou Rosa.

— Aí é que começa uma linda e sofrida história de amor — disse Alice. — Quando chegou a esta cidade, meu pai, então

Daniel, foi fazer uma caminhada. Reconhecimento do lugar. Vida, em suas cavalgadas, quase o derrubou, assim se conheceram e passaram a conviver, mas só naquele lugar que você também gosta de estar. Então, como ela demorava a aparecer, e de saudades ele se corroía, ele passou a procurá-la. Perguntava por ela em todos os lugares e resposta certa não obtinha. Até que, começando pelo meu padrinho e indicado por Toninha, ele conheceu os pais de Vida.

— Por que os pais e não ela? — perguntou Rosa interrompendo Alice.

— Uma febre inexplicável, que durou anos a fio, levou embora a bela moça, deixando saudades em sua família. Foi difícil para o meu pai compreender. Como nos contou Toninha, ele já trabalhava na ferraria com meu padrinho. Ele ficou muito doente, e Toninha foi cuidar dele. Foi assim que nasceu a amizade entre eles e acabaram por morar juntos. Daniel continuou a se encontrar com Vida, até o acidente de cavalo que quase tirou a vida da pequena Vida. Ela ficou sem poder andar. Até que voltou a caminhar, no rio, com a rosa por Vida mandada. Depois disso, apesar da felicidade de não ter a pequena Vida entrevada numa cadeira de rodas, meu pai ficou triste, amuado. Acho que não conseguiu mais se encontrar com Vida. Ele acabou por desencarnar na mesma árvore em que a esperava para os encontros.

— Mãe! Deixa ver se entendi. Vida não vivia mais e meu avô a encontrava? Como pode ser? Espíritos não falam. A senhora está a pensar que Daniel, meu amigo, é meu avô que retorna?

— Retornar, não, mas acho que cavalga por essas paragens no sentido de liberdade. Mas pensei que ele tivesse ido ao encontro de Vida, não compreendo. Viveram uma história tão linda. Pensei que, quando ele nos deixou, tinha ido ao encontro dela, mas, se cavalga sozinho, deve estar a procurá-la. Rosa, não o procure. Deixe a árvore vazia para que ele encontre o amor de sua vida.

— Não vou mais lá. Podem ficar sossegados. Deixe meu avô achar quem ele procura. Foi amado demais e merece ficar num lugar tranquilo.

Rosa abraçou a mãe e a pequena Vida, João e Pedro se juntaram a elas, num longo abraço. Fiquei muito emocionado ouvindo a história de minha vida. Voltamos ao mundo espiritual.

O tempo passava e eu não sentia. Só no trocar o lado da ampulheta percebia o quanto era rápido. Mergulhei em estudos e até já era palestrante. Tive a opção de não reencarnar. Estava completamente integrado àquele mundo. Era quase feliz. Meu amor por Vida estava adormecido. Guardado em uma caixinha de sentimentos que, mesmo só em espírito, ainda conservamos. Continuei minhas cavalgadas, nunca mais encontrei Rosa.

Então, em um dia de claridade mil, estava eu sentado sob a árvore absorto, como era de costume. Escutei um cavalgar. Meu coração disparou. Coração? Pode alguém pensar que não se tem mais esse órgão, mas as batidas descompassadas continuavam como se dele viessem. Levantei-me e corri. Corri como o vento e vi quem estava chegando. Uma moça de olhos muito azuis e cabelos esvoaçando ao vento.

— Vida! Minha eterna e linda Vida! — Ela desceu do cavalo e me abraçou fortemente.

— Minha missão foi cumprida — disse ela — mas, como da outra vez, uma febre me trouxe para você.

— Alice deve estar triste. Minha felicidade é a tristeza de minha família.

— Não é desse jeito, Daniel! Quem foram meus pais, antes de mim, desencarnaram. Viveram uma vida feliz. Todos os sonhos realizados. Rosa continuou a missão dos pais. Viveu para criar os filhos do destino. Já se faz um tempo do desencarne, você não sabia. Eu estava distante, tinha de me desligar de Rosa e continuar sendo a sua Vida. Graças aos céus, me foi permitido e hoje obtive a permissão para cavalgar. Tinha certeza de que o encontraria.

Então, depois de tudo assentado, fomos cavalgar pelas pradarias. O dia estava lindo! O vento assobiava, as árvores soltavam folhas, como se saudassem a nossa passagem.

Conto minha história enquanto espero por ela. Vida continua a cuidar das criancinhas. Um dia, quem sabe, reencarnaremos e viveremos na Terra a continuação desse amor espiritual, passando para o terreno. Enquanto isso não acontece, fico a esperá-la para juntos cavalgarmos. Não temos pressa. Temos todo o tempo da eternidade.

Fim.

Vanir Mattos Torres
ROMANCE PELO ESPÍRITO Daniel

Romance | 14x21 cm | 200 páginas

Marco Antonio, filho de um artesão, começa a trabalhar muito cedo e, assim, envolve-se no mundo dos negócios. Logo, torna-se milionário, mas passa grande parte de sua vida sozinho. Cansado da solidão, procura uma noiva para desfrutar sua riqueza e ter filhos. Conhece Bárbara, filha de um industrial falido e muito mais jovem do que ele, e por ela se apaixona. Eles se casam e a vida dele muda. Bárbara é excelente esposa e supera suas expectativas. Juntos, eles têm três filhos. Contudo, uma fatalidade acontece! E Marco Antonio se desvia por cursos nada navegáveis. A ganância, o orgulho e a estupidez não o deixam enxergar o amor!

Entre em contato com nossos consultores e confira as condições
Catanduva-SP 17 3531.4444 | boanova@boanova.net | www.boanova.net

DOIS CORAÇÕES E UM DESTINO

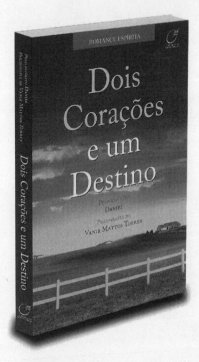

Vanir Mattos Torres

ROMANCE PELO ESPÍRITO
Daniel

LÚMEN EDITORIAL

Romance | 14x21 cm | 288 páginas

Ricardo, um estudante de Direito prestes a se formar, vai passar férias na fazenda do pai, o austero e rústico senhor Augustus. Em sua companhia leva Lídia, a namorada da cidade, que vê em Ricardo uma grande oportunidade de realizar um excelente casamento. O que Ricardo não sabia é que Tereza, sua amiga de infância na fazenda, estava agora uma bela e graciosa moça, despertando nele sentimentos até então esquecidos. Mas um grande segredo era mantido às escondidas naquela fazenda. Augustus, que atudo comandava com mão-de-ferro, sofre um grave acidente e tudo vem à tona, modificando o destino e os desejos de cada um. Uma nova vida surge para todos.

Entre em contato com nossos consultores e confira as condições
Catanduva-SP 17 3531.4444 | boanova@boanova.net | www.boanova.net

PLANTANDO O AMOR
Vanir Mattos Torres
ROMANCE PELO ESPÍRITO **Daniel**

Romance | 14x21 cm | 208 páginas

Portugal, 1792. Em meio a mudanças políticas em Lisboa e ainda vivendo sob os ecos da Inquisição, uma pacata cidadezinha interiorana é o cenário da história de Leopoldo, um humilde jardineiro que possui um dom especial: o poder da palavra. Sem perceber, elas fluem de sua boca e enchem os corações com amor e renovação. Neste livro, o espírito Daniel, por intermédio da psicografia de Vanir Mattos Torres, mostra, com ternura e carinho, que os verdadeiros sentimentos do coração, mesmo diante das maiores dificuldades, sempre serão o alicerce inabalável de nossa trajetória, esteja onde estivermos.

Entre em contato com nossos consultores e confira as condições
Catanduva-SP 17 3531.4444 | boanova@boanova.net | www.boanova.net

Em busca do verdadeiro amor

Psicografia de Sônia Tozzi pelo espírito Irmão Ivo

Romance
Páginas: 328|16x23 cm

Vitória e Fausto são namorados. Mas ela se mostra dominadora, chantagista e arrogante e o namoro se acaba. Fausto se envolve com Inês, irmã de Vitória, o que desperta imensa raiva na moça rejeitada. Ela desconhece o fato de que suas atitudes tornam mais difíceis o cumprimento de suas promessas antes de reencarnar: aprender a amar sem possessividade e resgatar seus débitos com Inês e Fausto, já que compromissos do passado os entrelaçavam.

LÚMEN
EDITORIAL

📞 17 3531.4444 | 🟢 17 99777.7413
📷 @boanovaed | f boanovaed | ▶ boanovaeditora

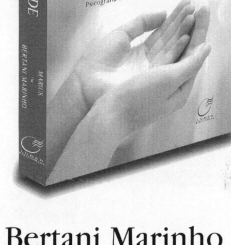

Bertani Marinho
PELO ESPÍRITO MARIUS

Romance | 16x23 cm | 376páginas

Donato e Marcela são casados e tem dois filhos. A família do imigrante italiano vive feliz até que, de repente, Donato perde o emprego e o casal descobre que o filho está com linfoma de Burkitt e precisa de tratamento urgente. Assim tem início uma jornada de provas e expiações para a família. Eles vão entrar em contato com o Espiritismo, aprender muitas coisas a respeito da Lei da Ação e da Reação, da reforma íntima, da erraticidade, e, principalmente, vão conhecer o amor de Deus, que sempre nos ouve, basta pedirmos e agradecer com fé.

Entre em contato com nossos consultores e confira as condições
Catanduva-SP 17 3531.4444 | boanova@boanova.net | www.boanova.net

MÔNICA ANTUNES VENTRE

NAS MONTANHAS DO TIBETE
Mônica Antunes Ventre / Julius
Romance | Páginas: 240 | 14x21 cm

Inconformada com a traição do marido, Luísa resolve viajar e se afastar por um tempo. Atraída por uma revista de turismo, decide ir para o Tibete onde visita mosteiros, conhece uma nova cultura, novos hábitos e, para sua surpresa, encontra um presente maravilhoso que Deus lhe deu.

LAÇOS DA VIDA

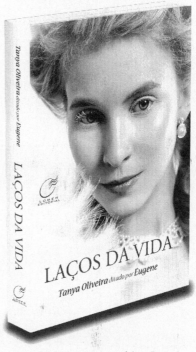

Tanya Oliveira ditado por **Eugene**

Romance | 16x23 cm | 448 páginas

Através da narrativa envolvente de Eugene, "Laços da Vida" tem como cenário a França, em meados do século XIX, narrando o envolvimento amoroso de três mulheres – Louise, Suzanne e Isabelle - cujo sentimento pelo conde Armand D'Avigny seria decisivo em sua trajetória espiritual. Louise protagoniza a história e, espírito vacilante na fé, retorna à arena terrestre com grandes dificuldades, percorrendo um caminho que a levará à ascensão social, colocando-a da posição de vítima em algoz e comprometendo inequivocamente a sua evolução espiritual. Demonstrando fé vacilante, quando a dor se interpôs em seu caminho, Louise deu lugar ao ódio – no uso do seu livre arbítrio – perdendo a oportunidade se libertar de um passado de enganos e evoluir através da prática dos ensinamentos de Nosso Mestre Jesus. Evidenciando a ação da Lei de Causa e Efeito em nossa vida, o livro aborda princípios básicos da Doutrina Espírita, destacando a sobrevivência da alma, a situação dos Espíritos no mundo espiritual e a certeza de que jamais estamos sozinhos e desamparados pela Misericórdia Divina.

LÚMEN EDITORIAL

Entre em contato com nossos consultores e confira as condições
Catanduva-SP 17 3531.4444 | boanova@boanova.net | www.boanova.net

Levamos o livro espírita cada vez mais longe!

Av. Porto Ferreira, 1031 | Parque Iracema
CEP 15809-020 | Catanduva-SP

www.**lumeneditorial**.com.br
www.**boanova**.net

atendimento@lumeneditorial.com.br
boanova@boanova.net

17 3531.4444

17 99777.7413

Siga-nos em nossas redes sociais.

@boanovaed   boanovaeditora

CURTA, COMENTE, COMPARTILHE E SALVE.
utilize #boanovaeditora

Acesse nossa loja   Fale pelo whatsapp